Traces of the Years

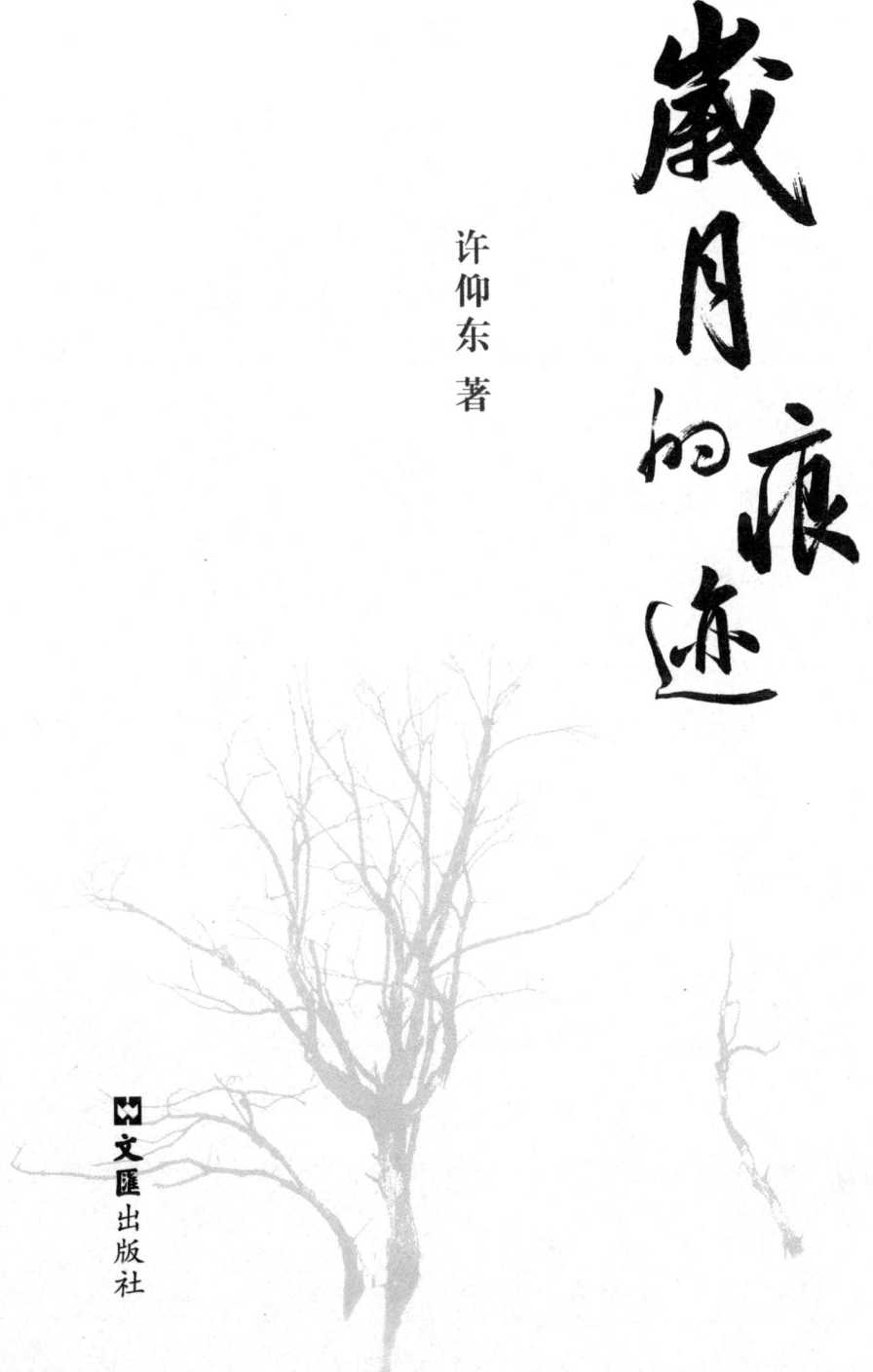

岁月的痕迹

许仰东 著

文汇出版社

序言
文学，回归心灵之路

王　伟（上海市作家协会党组书记、副主席）

今年4月，新冠肺炎疫情带来的阴云正逐渐散去，禁足多日的人们开始相互走动，从虚拟世界里的热络，重回现实中的联系。此时，仰东给我发来信息，说是想来向往已久的爱神花园与我一叙。于是，一个明媚的正午，我们徜徉在作协小院的繁花密枝间，沉浸在作家书店氤氲的咖啡香气中，又有了一番海阔天空的神聊。那时候，我恍惚觉得，我们瞬间回到了30年前在报社共事时的那些凌晨，忙完编务后，于青灯下共享悠闲，促膝长谈。

在我的记忆里，仰东早就是个地道的文学青年，虽然学的是有些枯燥、纯理性的理科，却热爱写作，倾心于感性的表达，并因此走出校园象牙塔，转而投身于上海的名报。20世纪80年代中后期，我们前后脚进入《文汇报》要闻部，干着昼伏夜出的夜班编辑的活计。我和仰东的办公桌紧挨着，常常见他在交版之后，又埋头伏案疾书。偶尔，他也会拿出几份报纸或刊物，向我展示那些化为铅字跃然纸上的文字，让我羡慕不已——作为一个同好，我为仰东构筑自己的文学之塔而积聚一砖一木，感到由衷的高兴，也为我的羞于动笔而觉着几分压力。

仰东那些真情流淌的文字，在我看来，倘若有今天这样好的出版条件，足够集纳成册发表了。如果是这样，仰东头上就会多一道诗人的闪亮光环。事实上，那时候他已经是某个乡土诗人协会的会员了。除了诗，还有那些指点江山的大特写，体现着仰东对纷纭世事的观察和透视。

以仰东倾注于写作的那份勤奋，我以为他的文学道路会一如既往地走下去，并且一个台阶一个台阶地走上来。孰料时代的大潮如此汹涌，我们各自的人生都随之跌宕起伏。90年代中期，蕴积着改变命运的强烈追求的仰东，在偶有机缘涉足房地产之后，竟深深扎入了那片广阔的蓝海。我不无遗憾地以为，他的文学之梦多半会无疾而终，我也将因此缺少了一个在心灵世界里共行的同道。

从那以后，我和仰东渐行渐远。二十多年里，我们辗转多地，各忙各的，只是偶尔通通电话，或者夹杂在一群人里短暂见面，人生的轨迹难得交汇，思想的交流更是寥寥。直到互联网勃兴，微信风行天下，我们重新在一个庞大的网罗里，找到了彼此新的连接。我知道仰东为事业行走于浩渺的世界，抵达了无数个地理上的远方。我也欣喜地察觉，有一些记忆中的东西从仰东身上顽强地复活（也许是从未走远）——在朋友圈里，他用亦诗亦文的文字发布的那些随感，怀故人、述亲情、记往事、抒远志、论行业、察世风，让我读到了一个依然仰观星空、眺望远方的仰东。

就在我们相聚爱神花园不久，仰东给我寄来了几册厚厚的打印稿。虽然已在朋友圈里领略过仰东的"惊鸿一瞥"，我仍惊讶于他的写作源源不断，已经累加到堪称厚重的程度。我因此感到释然，原来，仰东并未搁下自己抒发心臆的那支笔！

随后的一段日子，我时时捧读那些书稿，与仰东"在文字的情怀里相遇"，重新认识这位曾经熟识的同事和朋友，探寻他人生的密码和成就的源泉。在《致故乡》《致人生》《致远方》等篇什里，我随着仰东笔端的倾诉，走进长江边那座生他养他的小城，走过他困苦艰难却又饱含情感润泽的童年和少年。我随着他告别难以割舍的故乡，怀着忐忑和窘迫来到大上海，展开振翮高飞的逐梦之旅。我随着他以罕见的勇毅，投身90年代上海的地产风云，成为一位弄潮儿，直到将事业之途跨越海空、铺到遥远的澳洲。我也随着他在地球的各个角落行走，经历各种奇遇，审视自己的命途，留下不同的思索。我沉浸于仰东那些诗意的文字，倾听着他从时间导演的大戏里剪辑出的一连串故事，它们作为一个个体的具象，也作为一个时代的片段，印刻于我的记忆中。

读着书稿，感受那些奔涌的心绪和思索，我触摸到了一颗沉浮商海多年却不曾迷失诗与远方的灵魂，也体验到了阅尽繁华纷纭的一番喟叹，面对坚硬世界的一丝柔软，身处众声喧哗的一份宁静。我把这些平淡不惊而又情感起伏的书写，视作仰东在奔忙多年之后，对深藏心底的那片净土的回归。我还在想，当我们不得不浸淫于外部世界的竞进纷扰时，不要忘记留出一点点时间，以审视和抚慰一下自己的内心。

如今，仰东的作品为出版社所青睐，予以结集出版。他那些融化在岁月里的人生痕迹和深切感悟，将有机会与更多的人交流激荡。我相信，《岁月的痕迹》出版，将成为仰东重筑他的文学之塔的新起点。我希望能和这位老同事、老文友一起，共同在这条道路上，向着远方，走得顺畅！

目 录

序言 001
文学,回归心灵之路

 **卷一
致故乡** 001

家乡,彩色的记忆 003
童年,是一首诗 006
母亲,心中的河 009
难忘的家庭会 012
红烧肉 015
姐姐的辫子 018
夏夜的记忆 021
那双白色的旧鞋 024
我的第一辆自行车 027
我的高中班主任 031
小街尽头的那棵老树 035

老宅	038
在父亲最后的生命时光	041
清明,在父亲的墓碑前	044
消逝的风景	047
告别家乡	050

02 卷二 致机遇　053

侯捷部长:开启我的地产路	055
在地产主编的日子里	059
一封局长的来信	064
怀念曾经的媒体圈	067
地产三剑客	071
"荒岛"的往事	075
飘扬在南半球的五星红旗	080
卡斯丽:要说爱你不容易	084
悉尼的华人地产圈	088
再见曼哈顿	093
"弄堂口"的情怀	097
湖友会,友谊的长廊	101
最后的告别	105
在文字的情怀里相遇	109
房产,其实是一剂毒药	113
岁月静好:致地产老友	116

03 卷三
致人生　　121

大学毕业30年..................123
快乐，其实很简单..................126
难忘的三轮车夫..................129
那一枚红校徽..................133
那片池塘边的草地..................136
新年的钟声..................139
久别的阳光..................142
艰难的回家之路..................145
平淡，是种境界..................148
岁月如刀..................152
遇见美好..................155
我和墨尔本的中国青年..................158
文字里的清高..................161
在悉尼铜帆雕塑前..................164
感恩..................167
太阳雨..................170

04 卷四
致远方　　173

涅瓦河畔的风景..................175
百老汇之夜..................179
在多米尼加的海边..................182

美丽的霍巴特 185
世界杯决赛现场 189
春节，在异域的街头 193
洛恩：肆无忌惮的美 197
冬季到悉尼去看海 200
稻佐山的灯海 203
窗外的汉拿山 207
贝拉湖的晨光 211
马其顿山的森林 214
一封空中的致歉信 217
泪花闪亮的青春 220
飘荡在乔治大街的琴声 223
以婴儿的名义呐喊文明 226

05 卷五 致友人 231

霍　克：中国的好朋友 233
李　宁：一切皆有可能 237
谭　盾：天顶上的一滴水 242
刘　英：遨游在唢呐帝国 246
隈研吾：撕开建筑的硬壳 250
邱启敬：雕刻狂人 254
迈　克：麦琴根的天才钢琴家 258
傅建平：庄园里的五星红旗 262
汤浞茳：我的澳洲律师 266
张洪瑞：悉尼的博士厨师 271

松尾贡：长崎海边的老人 275

邵野夫妇：火锅的故事 278

沈　杰：轮子上的梦想 282

晏　子：一轩纳天下 285

倪建达：上海爷叔的故事 288

后记
感恩这个伟大的时代   293

01 卷一
致故乡

老家,是生命的起点,珍藏着童年的美好时光。
贫困艰辛的岁月,养育的亲情,随着时间的推移,成为人生记忆中的奢侈品。
离开老家40多年,无论走到世界任何地方,那个生我养我的长江之畔的小城,总是我行走于世的精神原点。

家乡,彩色的记忆

家乡,是世界上最温暖的地方。

那个养育了我18年的江南小村,有我生命里最彩色的记忆。

1

那天,我在意大利威尼斯水城参观的时候,被眼前这个世界水城所震撼。但内心想起的,却是小时候我家乡的那条小河。

那条小河,名不见经传,直到它消失的时候,还没有名字。那个贫困的年代,我没有留下一张关于这条小河的照片,但它,依然是最怀念的母亲河。

那个时候,我突然知道了家乡的另一层含义。

许许多多早已过去的那些细碎往事,普通得几乎无法用文字描述的乡亲们,在远离家乡的这些年,它常常会出现在我的梦里。

这就是一生都抹不去的童年。家乡,一直鲜活地存在于我的生命里。

我开始理解那句名言:就像你得看过银河,才能说自己独爱的是那一颗星;就像走遍千山万水,才能说我的确看过世界辽阔,却依然觉得故乡最好。

家乡,是一个离得越久越想念的远方,是一个离得越远越亲近的地方。

2

小时候,父辈们勒紧裤带供我上学读书,希望我的未来,能摆脱他们的草屋、田野、垄地、汗水,还有代代相传的贫穷。

我第一次拖着行李远离家乡,踏上上海街头的时候,像是完成了某种使命。年轻的时候,心里装着波澜壮阔的世界,却忽视了家乡的分量。

我开始在全新的城市里,结识许多原本陌生的朋友,因为他们的帮助和支持,我的世界里,有了与父辈们完全不同的生活。

我一直在想,这不是某种偶然,也不是简单的运气。

是因为我曾经有过小村生活贫困的经历;因为乡亲们纯真与善良习性的教育;因为勤劳担当的耳闻目染;因为无数的因为,才让我在行走世界的路途中,以他们的善良兑换了我新的机遇。

家乡,其实从未离开过我。只是,以另一种方式在滋养我。

3

家乡,是我心里的诗和远方。

我知道反复描述过去的陈词滥调,不会赢得今天的掌声。包括我的儿子,都觉得这是与他无关的故事。他的籍贯上虽然依旧写着我老家的地名,但他不会因为我的文字而感动。对他和他们这一代,老家是一个平淡得没有记忆的地方。

我们则不同,我们无法遗忘过去。

我们这一代,家乡,是对一个旧时代的追忆,也是对一个新时代的感叹。只是,我们在这如梦一般的变迁中,沉淀了对现代中国的感恩。

我不想把贫穷描写得那么美丽。

但贫穷背后的悲壮,让一代人一个民族开始醒来,而我们开始有了四海为家时的力量。我们在不幸与幸运的路途上,渐渐读懂了家乡的含义。

今天的回忆,是向过去的一种致敬!

4

我在老家儿时生活的老宅,要动迁了。它将与我曾经生活过的那个小村,一起消失。

捧着那笔动迁款,我有些失落。

我在老宅前独自坐了很久。

这是我生命起点里珍贵的记忆,如果可以,我宁愿以双倍的钱换回这个盛满记忆的老宅。

世上有些珍贵的东西,是永远找不回来的。

我知道,一个全新的小区,不久将取代眼前的这片树林、这条小河、这幢老宅,连同这个村庄。祖祖辈辈生活在一起的乡亲们,也将各奔东西。

我不想让家乡的记忆变得陌生。

我开始整理散落多年的文字,奠礼曾经的往事!

童年,是一首诗

你无论在世界任何地方,盛满记忆的童年,是人生最彩色的画卷。

童年,是最纯真的一首诗。

1

我的小学,是两排一层平房围着一片空地的简舍。这是记忆里老家的最初的印象。

阳春三月的时候,教室外满目金黄的油菜花,每年那个金色的世界到来的时候,我就知道自己又长了一岁。

晨曦初现的时候,背着书包,迎着太阳升起的方向,从一个村落行走到另一个村寨,有很多纯净的河流,连小鱼游荡的影子都可看到。童年虽然贫穷至极,但我内心依然非常快乐。

有首歌曲叫《乡间的小路》,我第一次听到那些歌词和旋律时,完全是我童年的写照。只是我的童年时代,连一张黑白照片都不曾留下。很多年后,我想去补拍一张当年上学的小路和小学校舍时,高楼大厦已覆盖了记忆中的一切,老家突然变得有些陌生起来。

我把童年记忆中最深刻和美好的镜头,一点点告诉了我的画家朋友,当他把那幅特意为我创作的《童年的记忆》油画送我的时候,是我成人后,第一次因感动而泛出泪花。

2

我的内心里,其实并不喜欢现在变得富裕的老家。

原先村寨里的推门即聚的乡亲们,都各奔东西散住进了不同的商品房。

童年印记里那个四面环河的许家村寨,是清一色的许氏后代,相敬如宾、相依为命的老家,一直如诗如画地深嵌在我的记忆里。

那块进村路口古老的石碑,那些掩映在竹林里的瓦房,那种家家开着门从不上锁的信任,那些贫困饥饿里依然笑着生活的气息,在我童年生活碎片里,散落着太多初涉人世的本色的唯美。

贫穷、正直、乐观,我感谢乡亲们在我人生起点的童年,校正了我的世界观,让我在任何顺境或逆境的时候,懂得感恩和珍惜。童年里,乡村生活对我心灵的滋养,抚慰了一生。

3

我看着老家的孩子们,如今生活在一个全新的江南都市里。

他们已经不讲家乡话,他们不像我们的童年,走泥路、吃粗粮、日晒雨淋地走在乡间小路去上学。我庆幸他们生活在一个新的富有的时代,却更庆幸自己虽然贫穷但比他们更有色彩的童年。

我的童年里,有那些夜晚满天的星星,有那些秋季飘香的乡村,有那些彩色的十月垄地,更有乡亲们相濡以沫的生活。

以前的那条环村河,如今变成了城市主干道,我看到无数私家车在行驶,忙碌地穿梭而过,像是在绞碎着童年曾经的美丽。

我的一个家乡好友许培新,花巨资在城市中央建造了一条老街,恢复了我们这一代人对家乡曾经的记忆。我敬重他的,不是因为他的财富,而是,他以另一种方式,在回忆我们的童年,在追寻那些逝去岁月里很美好的东西,把不幸和幸运,同时凝固在这片土地。

因为,童年是生命里永存的一首诗。

母亲,心中的河

　　起床的第一件事,给老家的母亲去电话。
　　她不知道今天是母亲节,但我听到了电话那头,她的无比喜悦。
　　我知道,等待我的电话,已是她生命里最重要的内容之一。

1

　　母亲,一直简单得像村头的那片草地,可以一眼望透的风景,陪伴着我。
　　她从没在我的记忆里留下过忧伤,即使在吃不饱饭的那个年代,她一直笑着面对生活,面对我们。没有她的言传身教,我在行走世界的这些年,不会有如此乐观的态度。
　　我感谢母亲的教导。
　　我幸运在那个传统风俗的农村里,作为长子,被母亲特别地疼爱,除了上学读书,我几乎从没碰过农活。
　　她没有文化,不知道外面的世界有多大。
　　但她知道,世界总有一天会变化。
　　我赶上了高考的时代,我成为家族里第一个大学生。母亲失眠了很长时间,那些时间,她经常会在半夜,在我的床头坐着。

她最希望的事,是我可以远走高飞。

她最痛苦的事,是我一直不在她的身边。

2

我与母亲一起生活的时间并不长。

十七年的童年、少年时代里,母亲是我足以回忆一生的骄傲。

如果没有对母亲的思念,我不会在工科大学里开始喜欢文字。我几乎每周给她写信、写日记,当我一个人孤独的时候,文字和母亲一直陪伴着我。

我大学时创作的第一首长诗就是《我的母亲》。我把手写的诗稿寄回老家时,母亲托人回信说,虽然看不懂,但她知道我是一个好儿子。

大学毕业即将分配时,我邀请父母来上海,当我骑着黄鱼车带他们在上海的夜灯里穿行时,她第一次远离家乡,看到外面世界里的色彩。

我像完成了人生第一个精神心愿。

离开上海时,母亲对我说:儿子,走到哪里,都别忘做一个好人。

在我的记忆里,她很少这么认真。

3

我留校在大学当了老师。

但我始终觉得,母亲,才是一个好老师。

她用最朴素的方式，让我去体会世间最复杂的道理。我尽力地学着做一个她的好学生，至少，是她的一个好儿子。

她像一根牵着风筝的线。无论你在世界任何地方，会有一个原点、一个根。我在逆境和困难的时候，常常会驱车回老家，与她在一起时，会静下心来。她一直可以用过去的故事，让我面向未来。

这些血脉与精神的力量，只有母亲可以输送。

我不想用伟大的母爱来诠释，但在阅读母亲后再阅读自己，我开始从真正意义上明白她的人生观：不忘人恩，不念人过，不思人非，不计人怨。

4

太阳西下的时候，我总会想起母亲。

一个快九十高龄的老人，她生命的时间不会很长很长。

每次见到她的时候，我有些酸楚，但感恩生命里有她。我能感觉到她孤独背后的那种留恋，总是把我送到门口，看着我消失在她的视线里，问我下次什么时候会回来看她。

父亲走后的这些年，她老了许多。

我想为她请个保姆照料她，以补偿我远离家乡的愧疚。

她坚决不要。她总说，这一生，感谢有个好儿子，去过北京天安门、看过毛主席遗容，到过香港、澳门，也出过国，人生已无遗憾。现在身体还好，而且有孝女照顾，只要我常回家看看，足矣。

母亲在，家在。

母亲在，老家就在。

难忘的家庭会

记得在我八岁那年,在初冬的一个晚上,父亲把我们四个兄弟姐妹叫醒,一脸严肃地开了一个家庭会。

这是我在老家生活中,唯一的一次正式家庭会,一直镌刻在我的记忆里。

1

煤油灯燃红着土屋的夜,父亲一脸严肃坐在餐桌的中央。

父亲说:"就在昨天,隔壁的奶奶中风偏瘫了,她孤身一人躺在床上,没有子女照顾,不能自理,她怎么活下去?"

20世纪60年代,中国农村应该是全世界最贫困的地方,我童年的时候,很多家庭都面临食不果腹的饥饿状况,我们家也一样。我母亲对孩子最大的护爱,就是自己省着,能尽量让孩子先吃饱肚子。

我们家原本就是有爷爷奶奶两位老人、四个孩子的十口之家,糊口就是件难事,现在,又要多一个老人,多一个负担。

母亲忧心忡忡。

父亲却深思熟虑。

她是我们的乡亲、邻居,我们的房子都连在一起,如果我们不去照顾她,让她好好活下去,过不了良心这个坎!

父亲说:拆了一道土墙,就是一家人。我们来照料她的余生!

2

第二天,父亲带着我们,在土墙上开了个门洞,把两个原本无关的土屋,连成了一家。

我们的生活里,开始多了一个新的老奶奶。而她,在晚年的生命里,多了我们这些子孙。

长期照顾一个病瘫的老人,不是一件容易的事。母亲负责洗衣、烧饭,姐姐负责帮洗脸、端水、喂饭、擦身,我则负责打扫卫生和陪她聊天说话。

那是一段生活特别困难、精神特别愉悦的日子。友善与人性,覆盖了贫困生活的苦楚。我看着这个新奶奶,她开始摆脱原有的失落和孤独,重新享受子孙满堂、相依为命的生活。

父亲没有食言,我们像亲人一样守护了她七年的余生。

那个年代里,父亲是小村里为数不多的几个老党员,我对父亲的敬畏,起源于童年,与这个冬夜的家庭会议相连。

3

善良,一个非常通俗的词,因为这个家庭会议,在我的童年里,开始有了轮廓。

我不知道,是否与邻居奶奶的那段生活,影响了我们的选择?我的姐姐选择了从医,成为当地第一个乡村医生,治病救人;而我后来成为一名报社记者,开始了颂善抑恶的文字历程。

我感恩那段艰难的生活岁月,让我阅读到了人性最原始的光芒,我怀念那个遥远的小村,让我懂得担当背后是一种品行。

老奶奶早已仙逝,当年铁骨铮铮的父亲也不在人间了。但童年时,那些平凡的小村故事,总是镶嵌在我记忆的深处,教导着我如何行走于世……

红烧肉

据说胃是有记忆的。小时候最喜欢的食物,会钟爱一生。
我喜欢红烧肉,是与孩提时代的故事有关。

1

20世纪60年代的中国农村,一贫如洗,大多数家庭的温饱都是问题。

我的童年家庭里,是当时最典型的困难户。老人多,孩子多,靠父母每天6毛钱的收入,要供我们四个孩子上学,都是难题。

平时的餐桌上,大多是田头自种的蔬菜,一家人全年闻不到肉的香味。父亲偶尔有机会在河里凑巧捕几条鱼,挑大的去城里卖了换点油盐回来,一些小的鱼,才可能上餐桌让我们尝鲜。

我们四个孩子,小时候常常会把一条鱼的头、尾、身体,以抽签的方式分享不同的部位。姐姐们在我运气不好抽到鱼头的时候,常常会照顾我,换上一段鱼肉。

2

春节,是儿时最期盼的时间。

因为只有在这个时候,家里的餐桌上才会有红烧肉。

我每年在除夕的晚上,会睡得很晚。总会在灶头旁烧火,看母亲做红烧肉。

母亲知道我的用意。她常常在揭开锅盖时叫我过去,可以让我大口大口呼吸红烧肉散发的香味。

在我的心里,那是世界上最奢侈的味道。

按家规,这份红烧肉从新年初一上餐桌到正月十五,每天会端上餐桌,是只能看而绝对不能吃的。

后来我才知道,父母一是想以红烧肉,让我们孩子们有一个快乐的春节,二是在正月十五,家里会邀请最珍贵的客人上门,一起共享幸福的生活。

3

在正月十四的晚上,我常常会因兴奋而失眠。这是一年中距离品尝红烧肉最近的日子。

按家规,吃红烧肉的次序是宾客优先,老人第二,孩子第三,父母最后。

我们家有三个老人、四个孩子,加上舅舅等客人,很多年的春节,父母最后只能触碰已被炖烂的肉汤。

记得有一年,碗里剩下最后一块红烧肉时,应该轮到我姐姐,姐姐把这块原本不大的红烧肉分成了三小份,她把其中的两份给了父母。

"爸妈辛苦了一年,一起尝尝吧。"

我看到母亲偷偷离开了餐桌。

姐姐拉着我,看到母亲在一旁擦着眼泪:乖孩子,你们投错了胎,别怪父母无能。争口气,希望有一天你们会有天天吃肉的幸福生活。

姐姐的辫子

姐姐有两根很长很长的辫子。

每每想起老家,总会想起姐姐的辫子,和关于辫子的往事。

1

姐姐是方圆里乡亲们盛赞的美女,还有一头乌黑的长发,两根绝美的长辫。

她却生不逢时,在那个最贫穷的年代遇上了一个最贫困的家庭,而且还是家里的长女。

初中毕业后,她放弃了高中的学习,过早地回村操起了农活,为父母分担些压力,也可让我这个长子安心上学。

我是非常幸运地在父母和姐姐的双重护爱里长大的。我总看着姐姐常常忙着重活,总湿透了衣服回家。

她总在家旁的小河里,照着水面的镜子,仔细地洗着她的长发,然后一点点织成辫子。

她爱长发、爱那双长长的辫子。

记忆里,那是姐姐最快乐的时光。她的青春里,一直微笑地担当着一切。

她的头发，是被田野的风吹长的。

她的头发，是被劳作的汗浸黑的。

2

在节日时，姐姐常带我去集市逛街。

姐姐爱美，也爱花，更爱我这个弟弟。但只要带我出门时，她总会在两根长辫上戴上花。她知道我特别好动，常常会顽皮地窜进人群。她关照我：集镇上人多，如果失散，在人群里找长辫和花，就能找到我。

长辫和花，是姐姐的象征。小时候，我并不理解她的用意，只是慢慢习惯以这个方式在人群中寻找她。后来我才知道，姐姐留着的长辫里，有一种呵护弟弟的责任。

我看到只要姐姐出现在集市，很多人会投来羡慕的眼光。

有一天，一个剧组的导演在集市上遇到我们。走过来问姐姐，是否可以高价买下这两根长辫，用作剧组的道具？

这价格，足够全家一年的生活费。

姐姐摇头。如果没有这两根长辫，有一天弟弟怎么用习惯了的方式找她？

姐姐的辫子里，有一片爱心。

姐姐的辫子里，有一个责任。

3

长发飘飘，一直是姐姐的骄傲。也是我们家里的荣光。

我对姐姐的记忆,很多与她的长辫有关。

有一天,姐姐把她的长辫剪了。

她要出嫁了。

我听她含着泪水对妈妈说:您养育了我这些年,没有什么可以留下,就让那双陪了我二十多年的辫子留在老家吧。

回头看着我补了一句:家里穷,弟弟还小。如果需要,可以卖了,留给弟弟一点学费。

我一生都记得那个让我永远难忘的时刻!

姐姐的辫子里,编织着一片孝心,还有对我这个弟弟的责任。

姐姐的辫子很长,那是对老家的感恩。

姐姐的辫子很柔,那是对亲情的眷恋。

夏夜的记忆

夏天的夜里,盛满无忧无虑的童年,还有对乡村另一种视角的回忆。

经历,是一张不会褪色的书签,一直镶嵌在漫长的生活里。

1

我不喜欢夏季,尤其是炽热的白天。

烈日炎炎的时候,正是割稻、插秧、播种的农忙季节。家人们起早摸黑,我看到的他们,每天总是被汗水湿透了衣服,拖着疲惫的身体回家。

在我还不懂什么叫贫困的年龄,我过早知道了关于疲劳的定义。

见父母们汗水淋淋地回家,我想递块毛巾给他们擦汗,父亲常说的是:不必了,农民就是在汗水里长大的,夏天里的汗是擦不完的。

儿时,我眼前的夏天,是一个流汗的季节。

2

但我喜欢夏天的夜。

太阳落山后,田野的风吹过来,小村会开始凉爽。乡亲们都会冲掉粘在身上一天的汗水,走出家门,扛个桌子或搭个门板,在月光下晚餐。

村里人互相熟悉,没有上锁的习惯。我一直觉得入夜后的乡亲们,变了一个模样。他们会端着碗筷,有说有笑地串门、吃饭,互相问候。只有在这时,我会听到他们很多的笑声。

我对农村、农民的最初的理解,缘于夏季时候,白天和晚上的这种反差。

他们是把宿命与勤奋、豁达与忠诚,交织在一起的群落。

我一直感恩,因为全家的呵护,在乡村生活的这些年中,我是捧着书本过来的,没能真正体会夏天汗水的盐味,我后悔不是他们合格的后裔。

3

乡村夏季的夜晚给我印象最深的,是满天的繁星。

我特别怀念入夜的乡村,被月光漫洒后的那种静谧。与家人们躺在屋外,数着越来越多的星星。

那时候,不知道什么叫银河系,什么叫北斗星,只知道,地球以外有很远很远还很神奇的地方。

母亲会坐在我们身边,用扇子驱赶蚊子,让我慢慢入睡。

她会讲很多他们小时候的故事,讲对日本鬼子的仇恨。而父亲是个老党员,一直唠叨着新中国的故事、毛主席的恩情。

后来发现,就是在这样的星夜里,父母潜移默化地向我传递了他们很多的思想,还有他们期待着但不曾拥有的梦想。

我因此希冀,等我长大后,要去小村外,一个很大很大的世界看看。

4

记得有一个从上海退休的工人回到村里后,夏天的夜晚变得更有情趣。

他每天晚上会说报纸上的新闻,还有很多关于电灯、电梯等城市里的故事。

月光下,先是村里的孩子会搬着凳子围坐在一起,后来,很多的父辈们也来听外面的故事。

这个编外"老师",给一贫如洗的村庄里,带来了充满精神色彩的夜晚。我的童年里也有乡村特色的安徒生的故事。

离开家乡这些年,我再也找不到夏夜乡村里那种特别的感受。城市繁华的灯光里,除了寻找不到满天繁星点点的景象,也缺少了那些席地而坐、虔诚以待的乡亲。

童年夏日的夜,像是诗和远方。

那双白色的旧鞋

我小时候是在不经意中喜欢上了跑步,自从进入省重点高中梁丰中学后,一直是这个学校800米和1500米的冠军。

那双白色的旧鞋,陪伴着我的少年,也是对父亲和家乡美丽的记忆。

1

其实我并无长跑的天赋,只是,在生理极点时,呼唤自己坚持。

我的长跑教练,是一个普通的体育教师。只有在我们参加地区学生运动会前,才会安排些业余训练。

除了篮球队外,田径队连运动服和球鞋都不会配发。我所在的这个省重点中学,学校平时主抓的是复习迎考,大学升学率;长跑之类的事,都是边缘化的小事。

父亲,却一直支持我的长跑。

有一天早晨起床的时候,我发现床前有了一双白球鞋。那个年代,在农村家庭里,穷得吃不饱饭,怎么可能有钱帮我买鞋?

我后来知道,是父亲来回县城跑了无数次,在废品回收站花

1.5元钱购买的二手鞋。父亲在支持我以长跑的方式磨炼自己。

这双二手旧鞋,是我人生里的第一双运动鞋,给了我少年时代无数的鼓励。

2

我每天从边远的村庄到县城上学,来回差不多有15公里。这或许是天然训练了我长跑的耐力。

鸡鸣的起床声,比太阳升起的时候更早。我总是很早背着书包,开始上学的晨跑。

那时的农村老家很贫困,上学的路都是高低不平的泥土路,我像很多农村的孩子一样,在最贫穷的生活里寻找自信和乐趣。

跑步,是一种很廉价的方式,战胜自己、超越别人。

那些清澈见底的小河、彩色的乡村田野、炊烟朦胧的村庄,在你晨跑的途中,像一道道旋转的风景,会鼓励和召唤你的情绪。这种记忆,在我离开老家去城市生活很多年后,还会时常出现在梦里。

那双二手白球鞋,在我少年的记忆里,是父亲最珍贵的礼物。每天上学前,我总会看上一眼,想穿但不舍得动它。

在我心里,那是一双只有出征时才用的"比赛鞋"。

3

我在非常紧张的迎考期,在跑步中寻找另一种快乐。

即将结束中学时代的高考前,我最后一次代表母校参加全县学生运动会。

那天,我穿上了那双白色的运动鞋。

父亲从未现场观看过我的比赛,只是从老家墙上的奖状上,知道我为母校争过不少荣誉。

不知是他预感不久的将来,我会到很远的地方去上大学?还是那天发现家里的白球鞋不见了,我应该有场重要的比赛?

他竟然放下农活赶到了比赛现场。

1500米,在比赛的操场上有三圈多。当我跑到最后一圈时,同学们的"加油"声里,我突然听到了一个非常熟悉的声音,是父亲的加油声!

这是世界上最特别的力量。

4分52秒。一个破校历史纪录的最好成绩!我冲到终点的时候,父亲就在面前,不断地向我挥手!

4

二手白球鞋的故事,过去了很多年。父亲也早已不在人世。

少年时代许多细小的事,随着时间的推移,让"家乡"两个字变得留恋和温暖。

如今,我们遇上了一个最好的年代,我们不能遗忘富有的国度是从曾经的贫困中走过来的。

我想,当年二手运动鞋的故事里,那些自信和坚持,包括对生活的无限热爱,依旧是行走于世的力量……

我的第一辆自行车

人生有很多的第一次。

我在高中时的第一辆自行车,那段特殊的经历,成为我对家乡永远抹不去的记忆。

1

1977年,我在高中毕业迎考前一年,家里突然多了一辆崭新的永久牌自行车。

母亲说,这是专门为我添置的。从此,我就可以不再步行上学,每天省下三个多小时来回的时间复习迎考。

我那时的家里,九口之家,三位老人、四个孩子,贫困至极,连糊口温饱都是难事。自行车,这么大的"家当",惊吓了全家人,我才17岁,就是这个车的主人吗?实在是喜从天降。

这辆自行车,陪伴着我迎考的日子。母亲,总在我每天上学前把它擦得雪亮,一尘不染。

车轮,飞驰在菜花金黄的田野;铃声,响彻于乡村小路。我有了风景旋转、寻梦远方的最美心境。

2

高考通过。

记得,我拿到了当时全国重点大学录取通知书的那天,我骑着自行车,绕着村庄骑了好几个来回,借用清脆的铃声,告诉乡亲们,村里多了一个有出息的大学生。

我告别了心爱的自行车,告别了家乡,去了遥远的上海。四年大学生活期间,那辆永久牌自行车,成为我乡村生活中最奢侈的回忆。

毕业留校,我成为80年代大学的青年教师。

青年教师献血,有两周的休息,还有营养品及补助。

我把学校发放的营养品带回了老家。

偶尔,才知那辆自行车背后,有一个滴血的故事,一段难忘的亲情。

3

母亲见我突然回家,不知发生了什么?

我告诉她,我在学校义务献血,有两周的假期;我还告诉她,献血后身体短期内发虚,要休养。

一直非常疼爱于我的母亲,有些不以为然。

母亲在不经意中,说起了几年前那辆自行车的故事。

她说,不必对献血这样恐惧。她当年为了我的那辆自行车,连续献了七次血,每次回家吃个鸡蛋补一下营养,就下地干活。

我惊呆了!

不,是那种揪心的感动,还有很深的不安和歉意。

是她当年用七次献血的钱,换了我那辆上学的自行车?

这么多年了,为什么不告诉我?

4

母亲平静如水,我却骚动不安。

那个场景,永远留在了我的记忆里。

在家乡的那些年,我后悔自己年幼无知而忽略了太多的细节。家人们以他们特殊的方式,付出了无私的爱,让我一步步跨进了大学的门槛。他们风餐露宿地忍受着饥饿的生活,却把快乐的微笑带给了我。

他们留在了原地,让我有了丰满的翅膀飞向远方。

如果我不曾知道那辆自行车背后的故事,我还常常会自满于高考的成绩,自己改变了命运。

我人生的第一辆自行车,承载了太多的母爱和乡情。那夜,我含泪创作了《我的母亲》的长诗,不是为了感动母亲,而是对伟大母爱的敬礼!

5

我把那辆自行车,在长途车上托运到了上海。

我有近十个年头骑着它,在上海这个城市工作、生活、创业。这辆自行车,滚动着激情燃烧的力量,让我驶向了全新的生活。

现在,母亲快九十高龄,她的记忆开始选择性衰退。

她不记得1977年那个自行车的故事。

遇到我时,总说我小时候过着太苦的日子,却是一个争气懂事的孩子;还老是唠叨,因为没有路费,连上大学时也没人送行,让我孤身一人远行……

我找不出合适的词来形容母爱。但过去的故事,酸楚而甜蜜,一直滋养着我的人生……

我的高中班主任

每个人的生命里,总会有人影响他的成长轨迹。

孔德富老师,我高中的班主任,改变了我的人生。

1

在少年时代,遇上孔德富老师这样的班主任,实在是我一生的幸运。

当年像我们这些农村的孩子,能背着书包坐在县城梁丰中学这个省重点的课堂上学,已是家族的骄傲和希望。

记得进入高中不久,全国恢复高考,高中部200多号学生通过层层考试,选出了50多名学生成立了重点班。

我进入重点班,也成了孔德富老师的学生。

有一天早晨,他在校门口拦下了我。这是我记忆中他第一次找我谈话。他告诉我这是最好的年代,能遇上了恢复高考这样时代的机遇,一定要把命运掌握在自己的手上。

他指着校门口的那棵老树说:"老师是这棵树,一直在这里;你是树上的鸟,要有志向飞向远方。"

生命里,这个早晨,这句话,一直印记在我心里。

2

毕业前的全县学生运动会,我打破了梁丰中学1500米的校纪录,却突发传染性肝炎病倒在了家中。这个时间,离开高考不到两个月。

我因身体原因,取消了当年的高考资格。

背着书包离开县城、离开梁丰中学的时候,我低着头告别了班主任孔老师,一路哭到了老家。

所有的希望,几乎在这一刻被毁灭!那个晚上我写了人生第一封未曾寄出的信,写给班主任孔德富老师,那是一封失落之极而告别人世的信。

信未曾寄出。第二天,孔老师步行了一个多小时来到我的家里,安慰我、鼓励我。他说高考的门开着,能被选进梁丰中学这样省重点学校重点班的学生,绝对是一个好学生。只是暂时的身体不适,为什么不可以明年参加高考?

那一天,成为我生命的转折。

如果不是孔老师的到来,如果没有他的开导,我不会偷偷烧掉那封失去生命力量的信;我也不会重归校园参加第二年的高考;我更不会明白"百年梁丰"校训的力量,能如此长久地根植在我少年的生命里,让我尔后有行走天下所有的故事。

3

我第二年走进了全国重点大学的门扉。我一直遗憾在离开家乡的前一天,去学校未曾见到班主任孔老师。

我后来才慢慢明白,这些年他把自己的学生一批批送到远方,并不是为了分享,而是为了自己的学生,去五湖四海寻找到希望。

离开他的这些年,我一直感觉班主任孔老师驻扎在我灵魂的深处,当我无论在世界任何地方、遇上什么困难的时候,少年时代的那段故事,存在着一种天性的力量。

在我大学毕业留校任教后,一直与学生们讲起我高中时代的孔老师,我以他的为人师表,度过了一段大学教师的时光。

因为眷恋,因为感恩,因为无数的因为,我不断用文字记录着关于班主任孔老师许多记忆的碎片,后来我在《文汇报》当记者和主编的十多年里,一直坚信,唯有经历才是所有文字生存的土壤。一位曾经的班主任所赋予我的思想营养,肥沃着的不仅是乡情,还有闯荡世界的力量。

4

高中毕业40年聚会,听说班主任孔德富老师会来。我即刻买票从澳洲飞回中国。

我想完成一个心愿:站在他的面前,握着老师的手,把过去的秘密亲口告诉他。

40年,他带了百千号学生,应该很难再记得很久很久前我这样一个学生。当我们再次重逢的时候,他竟然叫出我的名字,说起70年代末的那些事。

我闪着泪花深深地拥抱着他。

那一刻,眼前这个83岁的老人,不,是一个平凡了几十年的老师,彻底温暖了我。让我触摸了这个世界上最纯净的感情,跨越了40年的漫漫人生,发酵成永不褪色的师生情谊。

那棵少年时候的校园老树、那幢高中读书的小红楼、那条悠长的沙石跑道,在发黄的黑白照里投射在40年聚会的屏幕上。四面八方回到母校团聚的同学们,都回到了中学的记忆中。

向曾经的过去致敬!

我看到班主任孔德富老师依旧精神抖擞,作为他曾经的学生,满足并幸福。

平安是福,老师您好!

小街尽头的那棵老树

1

　　每次回到老家的时候,总会去逛那条窄小而悠长的老街,还有,去看看街头的那棵老树。

　　在我心里,家乡最深的记忆是那条小街,故乡最美的风景是那棵老树。

2

　　过去的那条老街,由西向东,穿越了这个小镇。很窄、很小。石块路两旁连着的一层瓦房,是我少年时最深的记忆。

　　老街的最东头,是这个小镇最骄傲的坐标——我的母校,也是当地最著名的省重点中学——梁丰中学。那个贫困的年代,除了课本、教室和老师,家乡能留在记忆中的就是这条老街。

　　记得在高中毕业备考时候,班主任在课堂外的长廊,指着校园围墙外那棵老树对我说:"老师是这棵树,一直在这里,你们应该是树上的鸟儿,可以飞到很远的地方。"

我听懂了老师的话。

那天起,我对小街的记忆里,多了街区尽头的那棵老树。

3

老街窄长而笔直。

行走在街头的人,八九成都互相熟悉。我们这些背着书包的孩子们,每天早晨经过小街的时候,总会有许多羡慕的目光。

那个时代,家乡非常贫穷,外面的世界才叫希望。

小镇上几乎所有的人都知道,老街东边的围墙里,是当地人的骄傲,只有最优秀的孩子们才有资格走进那个省重点学校。他们一个个都会从这条小街里消失,到很远很远的地方去拥抱未来。

在70年代末的时候,每一个从这条老街上消失并远行的孩子,都叫荣光。

18岁那年,我成为这些远行孩子中的一个,怀抱着大学录取通知的成人礼,离开了家乡的这条老街。

4

家乡开始了翻天覆地的变化,成为一个现代化的绿色城市,老街不见了,那棵老树也消失了。

乡亲们在骄傲地叙说小镇变成美丽城市的故事,我每次再回老家的时候,有些失落的伤痛。

眼前的一切变得陌生。我后悔没有在老街留下张照片,我在老家的少年时光,只是兑换了一张远行的大学录取书。

中学数学老师离世的时候。我在国外未能赶回老家去告别。那个繁星点点的晚上,我在地球的另一端,望着夜空,想起了他当年教室外走廊里的话。

小街尽头的那棵老树,永远不会在我记忆中消失。

老宅

我一个人坐在这片有点破旧的老宅前,看着眼前这个童年里的家。

这应该是我最后一次,能够如此真实地触摸这老宅,回忆童年、回忆曾经在这里生活的一切。

我含着泪光,说不清的感受。

1

明天,这几间老宅将永远在这个世界消失。

爆竹声响起后,眼前的一切会化为一片平地,一个全新的小区将是这里新的风景,后来者,不会记得这片土地上曾经发生的故事。

我在过去的家信里、日记里、诗歌里的故乡,因为这片老宅的消失,会变得更加遥远、更加模糊。

我是从南半球的澳洲特意飞回来,想在动迁爆破前,能够最后一次在我生命的原点,与这个曾经的"家"作一次告别。

小时候,因为贫困,我有一个美丽的梦:如果有一天出息了,第一件事就是早些把这几间老宅推倒,建一个像模像样的房子,或者去城里购一套房,带着父母去过新的生活。

这一天来了,动迁的单子上有两套商品房的计划等着我去拿,这是当初建这几间老宅300多倍的价值。我却觉得,财富突然变得分文不值,情感才是真正的奢侈品。

2

世界再美的风景,在心里比不过故乡。

老宅西边的那条护村河,是我童年里所有夏天的记忆,抓鱼、跳水、游泳。明天,推土机会夷平这条童年的河流,代之以一条新的城市干道。

老宅东边的那片竹林,是我对江南水乡最难忘的地方。我特别喜欢春天,就是因为这片老宅外的竹林,春笋会在一夜之间长高,儿时,总想自己也能像春笋一样早点成长,可以尽早为父母分担些责任。

在鸡鸭成群的老宅前,我曾望着白云飘浮的天空,想着一个遥远的世界。能去远方,不再过老宅里世辈贫困的生活。

突然觉得,有颗心留存在老宅。

老宅里,奶奶曾戴着老花镜织布。

老宅里,妈妈曾在煤油灯下缝鞋。

老宅里,老爸曾喝着米酒讲故事。

这片老宅里,镌刻了贫困生活的印记,也记载了浓浓的亲情。

3

夕阳暖暖地照着这个小村,眼前这个即将消失的风景,是我最后一次回到童年的梦里。

我留恋曾经的苦难和苦难里方可体验的相依为命,怀念破旧的老宅和老宅里才有的温暖往事。我开始知道乡愁的含义里,有抹不去的童年。

遗憾自己不是画家,可以把这个画面珍藏。突然觉得,文字在老宅前显得如此苍白无力。

乡亲们这几天特别兴奋,他们因为动迁,开始摘掉"农民"的草帽,终于可以扔掉磨破老茧的锄头,汗水泡黄的扁担,离开这个曾经苦难的地方,进城生活。这个世代的梦想成为现实。

今晚,小村的乡亲们有个庆祝的酒会,喜庆并不值钱的那些老房子,换来了新的商品房和原来一生都没见过的那么多的动迁现金。

告别老宅,对乡亲们来说,是解脱贫穷锁链后的重生。

告别老宅,对我来说,是对故乡的怀念圈进了走不出的铁笼。

在父亲最后的生命时光

父亲的身体日渐虚弱,他度过了三年多病床的经历。预感告诉我,这已经是他最后的生命时光。

1

在父亲的床头,我坐了很长很长时间。此刻,他已不能话语,我们只能用对视的目光互相看着。

这是父子非常特殊的交流。

我知道,他从来没有如此留恋这世界,能活着,是件多么幸福的事……一生,我们两个血脉相连的男人,从来没像今天这样,如此认真互相看着对方。那种没有言语的交流,是穿越了只有我们可以体验的时空、回忆、守望、信任,甚至,是这个世界上从没体会过的心灵感应。

我感谢他,把我带到这个世界。

他感谢我,陪他离开这个世界。

2

我们,互相都是生命里最重要的人。

小时候,他盼着我长大;长大后,他担心我不在他身边。我与他一起生活的时间并不长。

几个月前,父亲嘱托过:该说的已说了。我走了,不必开追悼会,不要写悼词。唯一欣慰的,是无牵无挂,一生没做亏心事。

我知道,面对生命的最后时光,他缘何如此平静?

我们一生从未拥抱过,即使在他送我离开家乡去上大学的时候,他只是挥挥手向我告别。他总是以过于平淡的方式教育我。

我第一次伸出手,握着他。不知是忏悔,还是感恩?我想以儿子的方式,给他些力量,生存下去,哪怕多一天多一分钟也好。

他触摸到我的这种情感。

他给予我的,是无语的告诫,生老病死是平常事,活着,要善待这个世界,还有身边的人。

这是两个男人间,心灵的默契。

3

我一直把父亲视为人生的导师。只是,我可能不是他满分的学生。

父亲身上那种天然的力量,一直尾随着我,我至今保留着大学时父亲寄给我的书信,三言两语却蕴含着很重的家教。他把做人的道理,唠叨了一生。

现在,他即将以无悔的榜样,画上生命的句号,完成对子女人生课的演绎。

我很难用"爱"字来比喻对父亲的感受,我不会对着他说"老爸,我爱你"。他不会接受这种感情的方式。

担当、宽容、豁达、诚实⋯⋯⋯⋯我找不出一个合适的词,来形容眼前的父亲。他的一生,就像门前的那片草地,平坦而真实,不加修饰的美丽。

我骄傲的,是他不会留给世界任何遗憾的一生。

他满意的,是我们互相从没见到对方有一滴眼泪。

清明,在父亲的墓碑前

因为父亲走了,每年的清明,是最重要的日子。八千里地的飞行,我伫立于他的墓碑前,告诉他,父亲永远活在儿子心里。

1

墓碑的照片上,父亲一脸严肃地看着我。他活着的时候,很少以微笑给予我。

他走了好多年,在我心里依然留存着父亲的威严。

记得父亲走的那天,我不在他的身边。

我知道这天迟早会到来。

我赶回老家的时候,灵堂的中央,他的照片挂上了黑纱。

守灵的那晚,我以他长子的名义,整夜陪在他身边。这不仅是习俗上的尽孝,而是在为这个普通的父亲做最后的送行。

按他的要求,追悼会没有悼词。他吩咐过,活着的时候该说的都说了,走了,别再浪费这种形式。我知道,他想告诉我们:实实在在活了一生,才是真的。

2

因为很早离开老家,我与父亲生活在一起的时间并不长。

他留给我最深的记忆,是童年和少年的时光。那是一生中最贫穷、最纯净的年代。

作为一个老党员、一个乡村干部,他在最困难的时候,收养了两个需要照顾的瘫痪老人,那是我们家的邻居。

有一天,父亲在老家的墙上开了个通往隔壁的门,告诉我们,门连着的对面那个老人,他们没有孩子,今天起就是你们的奶奶。

从此,三个老人、四个孩子,十个人的家,开始了相依为命的生活。父亲挺着腰杆,支撑了那些饥饿而坚强的大家庭。我后来才明白,这影响着我的人生。

我,只是他人生作品中的一个符号。

3

父亲,其实像一个老师一样,一直以行动在教导着我。只是,我可能还不是他的好学生。

父亲病后的三年里,只要有空,我不断地穿梭于上海和老家的路上。只要我每周一两次,坐在他的床头,即使不说一句话,他也会有许多快乐。作为他的儿子,我开始感受有种留恋、怀念、不舍,也有许多无奈。

生老病死,他做了足够的准备,他只嘱咐我,留块墓地,以后清明节来看看。活着,在眼前,走了,在心里。

第二天,我找了块墓地,是两代墓,怕他孤独,准备把爷爷奶奶与他放在一起。因为,这将是父亲新的家园。

4

父亲的一生,像一块草地一样,平坦、自然、简单。

我热爱并敬仰他如此本色的人生。

家,如条船,父亲是船长,才有了我们兄弟姐妹之间的一切。

他生命的后期,我常常坐在他床边,看着他。他已无法说话,但我们互相注视着,男人间的交流、父子间的感应,是世界上最纯净的。

活着,他是山,走了,他是海。

每年的清明,家乡凤凰山旁的墓地前,挤满了人。

我是庞大人群中的一员。我把那束送给父亲的白花放在他的墓碑前,感谢他的养育,成就了今天的我;也赠予了我那么多的亲情,让我记忆的墙面,拥有了消磨不了的色彩。

我也在时光里慢慢变老,开始重新学习,能做一个像他这样的父亲……

消逝的风景

童年的记忆,永远是彩色的。
无论在世界任何地方,老家,一直是美丽的风景,驻扎在心里。

1

母亲是老家的最浓重的底色。
母亲在,老家就在。
当有空闲时间的时候,我习惯驱车回到母亲身边,互相对坐着,说说过去的事。
在母亲前面,我永远是一个孩子,可以想说就说,不说就静静地坐着。这种时光,真实而唯美。
血脉里的东西,是任何力量都替代不了的。老家,因此永远是心灵深处最纯净的地方。
有时,坐在母亲的面前,有一种负罪感。她把你送到世界很远的地方,她却在原地永远等待着你。过去的老家,已被全新的城市覆盖,变得陌生。唯有母亲,依然是过去的母亲。
我因此觉得,孝心,有时像是一个精神的安慰;母爱,是一种越久越永恒的东西。

2

童年里的那个美丽的小村已消失得无影无踪。那些每逢春天就盛开的菜花不见了,原先那些悠长而弯曲的乡间小路,如今已是车水马龙的城市大道。

老家的变迁,是一个时代的故事。

老家的过去,开始升腾许多怀念。

孩时熟悉的乡亲们,大多已是暮年,不少已经仙逝。每每看到他们,我记忆里最深刻的,依旧是在最艰难、最贫困的岁月里,他们忍辱前行,微笑地面对生活,和那种相依为命的力量。

老家,总会以原始的天性,抚慰我的心。

纯粹而珍贵。

我感谢生命之初在这里曾经的经历,那些贫穷与豁达、忍受与互爱,足以滋养我的一生。

老家的风景不再,但老家的亲切依旧。

3

老街,是家乡曾经的骄傲。

老虎灶升腾的雾气、油条大饼的香味、自行车清脆的铃声,还有见着面就站在一起聊天说地的乡亲们,是老街唯美的风景。

今天的老街,开始有点陌生。

我每次行走在这条老街,看繁华喧嚣的场景,总有些失落。记忆碎片的尽头,总浮现当年古朴而唯美的场景。

一个新的时代取代了曾经的过去。

我的侄子开办的"大渝火锅",成为今天老街的名片,他特意准备了精美的食材,让我体验今天老街的韵味。

我喋喋不休地与他说起过去的故事,关于老家、老街和我的童年。

老街对他,是今天。

老街对我,是昨天。

我在老街的夕阳里行走,是对往昔的留恋和问候!

告别家乡

失眠了很多天,今天真的要背起行囊,怀揣着大学录取通知书,离开这个生我养我18年的老家张家港。

1980年8月27日,我永远记得这个日子;这一天,我告别故乡,以18岁的成人礼,去远方。

1

昨晚,全家吃了个送别宴。许家出了第一个大学生,父亲特别地快乐。他罕见地举起了酒杯,用笑容取代了嘱托。

我知道,这一刻,是一家人很久很久的期待,他们节衣缩食地呵护着我好好读书,希望有一天,孩子去很远的地方,到另外一个彩色的有希望的世界,寻找未来。

母亲在饭后帮我整理着行李。奶奶非要把出嫁时的那个木板箱给我带走,我看到母亲把那张录取通知书,工工整整地贴在木板箱的中央,然后,把全家人帮我准备的物品,一件件放好。

大姐购置的洗脸盆和钢笔、二姐做的新鞋、母亲一针一线缝制的蚊帐,还有父母东拼西凑借来的35元钱……

简单的行囊里盛满了全家的温暖和爱。

这是我最幸福的一个夜晚。

2

早晨的阳光,暖暖地洒在这个小村。

我第一次认真环视着这个生活了18年的江南乡村,那些小屋旁的树林、蜿蜒的河流,还有一望无际的垄地和原野,这个贫困而唯美的家乡,在我生命起点里,给了我太多善良和友爱的滋养。

送我远行的拖拉机上,停在路边并戴了红花。小村里诞生一个大学生,都是全村的大喜事。河岸两旁的乡亲们,一早就自发地站在自家的门口为我送行。

这个简朴而感动的场景,一直深深镌刻在我的心里。

我与家人握手、道别,却发现母亲不在。

大姐告诉我:妈心软,受不了这个离别的场景。

我看到河的对岸,母亲那个熟悉的身影,在远处不断地向我挥手……

3

这个小村,慢慢地在我的视线里缩小、消失,还有那些送行的家人和乡亲们。

我第一次触摸到"留恋"这个词真正的感受。口袋里装着的户口迁移书,将我带向远方,从今天起,有一个名字叫"家乡",开始镶嵌在我的生命里。

这是非常平凡但血脉相连的一段生活。

他们不曾给我优越的生活,但贫穷的镜子里照耀出的是坚强。

他们不曾教我学文化,但善良的品行足够滋养我的一生。

他们不曾给我太多的嘱托,但我知道,此行绝不是孤独地去闯荡,我的肩头担负着亲人和家乡的重托,还有他们对明天的希望。

告别,是另一种迎接。只是,我和我的乡亲们,以不同的方式,去拥抱一个全新时代的到来。

02 卷二
致机遇

从成为中国第一个专业地产主编开始,我的生命开始转折。

感谢那个特别的时代,有了心中新的太阳。在那个弥散铜臭的地产舞台里,依旧能保留一份文字的宁静,是我一段骄傲的人生历程。

侯捷部长：开启我的地产路

生命里，有许多的相遇。有些相遇，会改写你的一生。

我没有想到，因为与国家建设部部长侯捷的一次见面，开启了我的地产之路，中国房地产传媒，也因此翻开了历史性的一页。

1

20世纪90年代初，中国改革开放日新月异。其中住房改革的呼声开始转化为行动，这直接关系到十多亿中国人生活方式的根本转变。

那个时候，我还是《文汇报》要闻部的一个普通编辑，也是"沪漂族"里的一个无房户。

我萌生了在《文汇报》开设地产专刊的想法：把房地产作为专门的一个传播板块，去伴随中国全新的房地产发展，并对住房改革这个重大民生问题给予关注。

《文汇报》这份当时在中国科教文卫有巨大影响力的报纸，率先开出房产专刊，自然有巨大的争议。

无知者无畏。我撰写了申请报告并自荐当主编。

《文汇报》总编辑张启承、副总编辑石俊升和茅廉涛,多次研究后支持了我的想法。但附加了一个条件:让我听听产业界的意见。

2

那是我人生最激情燃烧的一段时光。

我把在《文汇报》创办地产专刊的想法,写信给了当时国家建设部侯捷部长。

原本以为,分管着中国十多亿百姓住房大事的最高长官,不会关注我这样一个普通记者的来信。

我绝对没有想到,不到一个月,我接到了侯捷部长秘书小崔的电话:侯部长约我在北京见面。

直到我第一次踏进部长办公室的门槛,第一次面对面这样近距离地与部长对话时,我都不相信这是真的。

他说:"中国和中国人民,都将因房地产的市场化改变过去的生活,这是历史的分水岭。你这么年轻,有勇气在中国的经济中心上海,率先开出房产专刊是件大好事,我要感谢《文汇报》,感谢你!"

那个时候,我的心有些颤抖。

我从部长语态里,读出了高居要职而亲民从政的品质;我从部长的眼神里,看到了一个即将到来的全新的世界。

我说:刊名就叫《房地产世界》吧。

侯部长点头,让助手准备墨和宣纸。他说,来次北京不容易,把我的刊头题词带回去吧。

这不是普通的见面礼。是中华人民共和国的一个在职部长的作风。

3

我回沪后,积极地筹备着地产专刊的出版筹备工作,不辜负侯部长的厚望。

两个月后,我突然接到侯部长的电话,他正好来上海开会,约我去他下榻的宾馆一见。

他还记得我?还关心着地产专刊的事?

我带着还未出版的文汇报《房地产世界》专刊清样,走进了他的房间。

他仔细地看着每个标题、每篇文章。问着我筹备有什么困难?什么时候正式随报出版?反复强调上海作为中国改革开放的前沿城市,诞生这样的专刊,意义非凡。嘱咐我作为中国第一代地产主编,应该肩负起光荣的使命和责任!

我永远记得那个难忘的场景,他拍着我的肩膀说:"我北京的办公室有《文汇报》,我会是你地产专刊的忠实读者。"

我感动。

我和侯部长在文汇报《房地产世界》专刊清样前的合影,记录了中国省级日报的第一份地产专刊的诞生!也是记录中国地产传媒从此拉开了全新的帷幕。

4

侯部长的支持,得到了报社的重视。

担任地产专刊主编的任命书下发不久，报社很快帮我配备了两位得力的助手，一位是中国百佳记者徐国英，一位是颇有影响力的经济记者唐大卫，并划出了独立的《房地产世界》专刊办公用房。

时任上海市房地局党委书记许明义、局长蔡育天，多次关注文汇报《房地产世界》的筹备工作；上海房地产集团董事长徐林宝、中房集团上海公司董事长殷友田、新黄浦集团董事长吴明烈、中华企业董事长盛新建、中星集团董事长王鹏五大上海地产巨头，纷纷出谋划策，联手支持地产专刊的登陆，殷友田董事长还破天荒亲手撰写了专刊首发的特稿。

文汇报《房地产世界》专刊面世后，引发了社会巨大反响。全国主流媒体纷纷开设地产专刊，也推动了中国房地产迈入了史无前例的一个高速发展时期。

侯捷部长对文汇报《房地产世界》的题词，一直挂在我办公室的墙上，鼓励着我在地产之路上前行。

1996年，我主编的第一本房产专著正式出版时，侯捷部长又为我亲笔题词《上海房地产营销理论与实践》的书名。

这段难忘的经历，一直在我的记忆深处，这不仅是我们共和国部长的亲民作风，而是记载了一个最美时代的故事。

在地产主编的日子里

一生会经历很多事,有时,不经意的一个瞬间,会改变你的一切。

1

1994年,《文汇报》报社任命我为《房地产世界》周刊主编时,我对房地产专业还一窍不通,我是凭着一腔热情走上这个岗位的。

那年我才32岁。一切几乎从零开始。

那个年代,《文汇报》这样以科教文卫为重点的全国性大报,在省市级纸媒率先开出地产周刊,自然会有很多争议。

报社领导很重视这个新版块,从经济部抽调了两员重量级记者配备给我当助手。像当时的中国百佳记者徐国英、经济记者唐大卫,都是问鼎新闻界的老手。

我感谢那个年代里,这些资深记者对我的尊重。

原本并不熟悉的同事们,相处在文汇大厦5楼那个只有一室半的小屋里,却有那么和谐、互助和温暖的工作氛围。我们坦然地交流着每周的采访选题,井然有序地分工,从成立伊始,就瞄准中国最优秀的房产周刊为目标。

我们知道,这个温暖的小屋和全新的地产周刊,有我们共同的梦想。

2

在一个蓬勃发展的年代,遇上一个火红的上海房产业,是我的幸运。

那时,我住在上海西北普陀区城市边缘的一个平民新村。

我知道只有尽快与时间赛跑,才能成为一个真正的地产主编。为了提高采访效率,我用全部的积蓄,购买了一辆本田摩托车。

文汇报社车管组的领导,特许了我在摩托车上悬挂"文汇报社采访车"的三角旗。这在当时的上海CBD,北京路、南京路、延安路、西藏路等禁止摩托通行的年代,为我摩托驾驶采访的通行提供了方便。

我开始了终生难忘的"摩托地产"的特殊经历。我不断地穿梭在上海的地产项目工地,每天坚持不低于三个项目的现场采盘,预约两个以上老总的采访。

速度、信息、新闻源,我原本陌生的上海地产,很快变得熟悉。

3

我喜欢地产记者这个职业,可以用文字的方式,纯粹地与地产业相伴。

白天,东南西北奔波于上海的每个角落。晚上,约一个饭局,既是交流,又当作采访。

90年代的上海,有两条灯火通明的美食街,一条是黄河路,另一条是乍浦路。

文汇报社邻近苏州河,跨过桥就是乍浦路美食街。那时,好友龚氏夫妇在乍浦路的"华南饭店",成为我常年的晚餐场地和第二采访点。

我特别喜欢坐在饭桌上,几道便餐一杯酒,同地产人以更轻松的方式对话。我反感那种为了迎合销售而牵强附和的宣传稿。一个优秀的地产记者,不是地产企业家宣传的附属品,是在不同层面参与产业发展的特殊力量。

我拒绝用红包兑换新闻的交易,因为一旦人格缺失,文字就会散发铜臭。在我每天面对巨大金钱诱惑的房地产商前,即使生活得很清贫,内心却是富有的。

正是这种文字的纯净,才有产业对地产记者的敬畏和尊重。直到许多年后,我下海涉足房地产业,依然改变不了新闻生涯的那种清高。

4

不断跑、不断写、不断思考,新闻源多了。我们《文汇报》房产周刊也从每周半个版,扩容了8倍,每周四个整版。

这个容量,在当时全国省市级报纸中,绝无仅有。

随着我的出稿量直线上升,我开始有了第一个专用于地产新闻的笔名——荒岛。

专业地产评论栏目《荒岛手记》,最早每周一期固定出现在

《房地产报》,后来逐步开在《解放日报》《新民晚报》《新闻报》和各种杂志上,成为当时传播频率最高的中国房地评论类专栏。

地产业内人士开始熟知,甚至有人称我"荒岛"先生。这个笔名也是当时《文汇报》房产文字广告的第一品牌名。

像上海置业第一个项目——绿洲城市花园的《阳光绿意的生活》、中海集团——虹桥海天花园的《寻梦在海天》,都是集团董事长亲点指定署名"荒岛"的重头戏,以整版大容量的项目开盘稿首发,并迅速引发上海房地产业界和购房者的巨大关注。

笔名"荒岛",记录了我在《文汇报》这段难忘的主编经历,承载了我那段激情澎湃成长的往事。

后来,在我下海创业的时候,我将曾经的笔名注册成我的企业名称——上海荒岛房产工作室,以此开启了我参与中国房地产营销的第二段房产之路。

5

我幸运在文字的世界里,行走在上海地产业,见证了最让人留恋的地产岁月。

北京京西宾馆,我带着上海20多位最活跃的企业家,首次赴北京,主持了第一次"京沪房产对话",第一次促成南北两大城市的主流地产企业家直面交流与碰撞,得到了国家住建部领导的首肯。

在香港铜锣湾,我带队组织了30多位上海房企集团的舵手们,与香港20多家主流地产商,围坐在一起,举办了第一次跨越海内外的"首届沪港地产论坛",引发地产界的高度关注。

我以"上海房地产双十佳活动"发起人的身份,开创了"上海第一届房产双十佳系列评选活动",得到了上海房地局领导的鼎力支持,并出版了两本专著,以推动上海地产人才的建设。

在上海市工商局的支持下,我作为"上海首届房地产著名商标活动"的秘书长,推动了"绿地"等第一批上海地产著名商标的诞生……

一幢幢高楼的崛起,并不是地产业的全部的成果。地产文化的建设与地产思想的形成,是更漫长的一条地产之路。当年,跟随我在《文汇报》房产周刊的著名记者徐国英早已仙逝,许多老地产人已隐退江湖,但这些曾经的故事,却依旧鲜活于我的记忆里。

一封局长的来信

我一直珍藏着这封信。

这是张重光先生在1997年12月11日写给我的。那时，他是上海房管局的副局长，我是文汇报《房地产世界》专刊的主编。

1

我的新闻生涯与地产经历，一直与上海房管局连在一起。

我一直怀念那个年代，怀念上海市房管局门扉里，那些务实工作、没有官腔的一代行业领导。

1994年，我从《文汇报》重要新闻部调入《房地产世界》专刊任主编的时候，还是一个房地产门外汉。我正是不断进出于上海房管局的大门，才获得了一手信息、了解了政策动态、掌握了市场走势。

时任局长蔡育天、副局长张重光等最高领导，我走进他们的办公室，总是放下手头的工作，耐心地与我交流。

说是采访，其实是向他们请教。

只要我的专刊有活动，这些分管着全上海房地产的最高领导，每请必到。文汇报社圆明园路149号老大楼，他们是常客。

在那个房地产启蒙的年代,我和张重光副局长成为交心的好朋友。媒体记者与行政管理的领导们,常常会在一起交流、学习,没有岗位高低、不分职业差异,正是有这样务实、优秀的产业领导,才有一个充满朝气的上海房地产市场。

上海房管局大楼几经迁移,它却在我心中成为第二个"娘家",我在这里慢慢熟悉了这个行业,开始真正步入地产之路。

2

1997年底,上海房地产正步入改革之年。

我给时任上海房管局分管市场的副局长张重光去电话,想采写一篇关于新年的上海房地产市场政策文章。

其实之前,我已同上海市副市长夏克强秘书小景联系过,也阅读过有关政策,只是,想从张重光副局长这里了解更落地的执行方案。

没几天,我收到了张重光副局长的信。

满满的三页,字里行间,平和而谦虚。记得那天下午,他还专门打电话给我,表达了夏副市长和蔡育天局长已有政策方面的精神,并阐述了他对执行政策的思路。

就在这一年,我以《文汇报·房地产世界》专刊发起"上海第一届房地产'双十佳'评选活动"。张重光副局长主持,并亲点我任秘书长。

他说:"上海房地产业的发展,需要挖掘人才、培养人才,媒体这个活动在帮我们补课。活动结束后,建议结集出版上海房地产优秀案例书籍,来提高行业的水准。"

他没有食言。第二年,由他任主编,我和张永岳教授任副主编的《上海房地产营销案例与实践》一书正式出版。

3

1999年,我在华亭宾馆举办"文汇报《房地产世界》创刊五周年大型座谈会"。知情人告诉我,张重光副局长已重病在身,可能无法与会。

我走进会场时,张重光副局长已在贵宾室等我。他把我拉到一旁说:我可能是最后一次来参加你的活动了。你和上海新闻媒体对上海房地产业发展作出的贡献,我们看在眼里,记在心里。

像是一种惦念,像是一种告别。

那个时候,我的眼里泛起了泪光。

我原本想告诉他,创刊五周年活动结束后,我也将辞去房地产周刊主编的职务,告别上海房地产传媒的舞台,下海创建我的个人房产工作室。

我无法启齿。

如果没有像张重光副局长这样的老前辈指点、帮助,像我这样的地产新人怎么可能茁壮成长?自以为是地满足于能写些地产文章,就把自己标榜为专家,实在是内心的浮躁!其实,我只是遇到一个最好的地产年代,幸运地遇到了一批最好的长者。

此后,张重光副局长因身体原因,开始消失在上海地产舞台的中央。

我珍藏着他的那封亲笔信。

20多年来,一直怀念上海房地产那个激情澎湃的年代,怀念曾经为上海地产发展呕心沥血的张重光副局长等一批老地产人……

怀念曾经的媒体圈

人生中,有些经历会一闪而过。但有些往事,终生难忘。

20世纪90年代,上海地产媒体圈的亲历过程,一直镶嵌在我的记忆里。

1

我幸运在一个最好的地产年代,走进了地产媒体圈。

那个时候,《房地产报》在盛新健总编辑主持下,积聚了梁志超、宋红民、周力、梁光辉、施根贤等最早的一大批专业记者;综合性日报中,《新闻报》的孙华良、刘因组合,是上海纸媒最早开设房产周刊的前辈。他们的新闻给了我最早的地产营养。

1994年,我在《文汇报》开设《房地产世界》周刊后,《解放日报》《新民晚报》等雨后春笋般地出现了房地产周刊。从此,包括报纸、电视、电台在内,上海房地产传媒开启了一个鼎盛的时代。

我怀念那段最美好的时光里,媒体圈情同手足的友谊。

我从《解放日报》乐缨身上学习地产政策,她细致审慎的新闻,影响了我后期的文风。我从《新闻报》孙华良身上学习地产市场,他一针见血的评述,成为我后来地产观察的模板。

能遇见这些同行和好友,一起在文字里行走,是机遇,也是一种幸运。

2

当年上海滩三大报的地产周刊,是影响楼市不可或缺的力量。《解放日报》的《住宅消费》偏重于地产政策,《文汇报》的《房地产世界》注重地产文化,《新民晚报》的《申城楼市》关注地产市场。一篇文章可以改写一家房企的命运,一段文字能够引起一个行业的思考,一次评述会左右人们地产消费的观念。如果说,90年代的上海地产是一幅波澜壮阔的画卷,那么,地产媒体圈是最精彩的注脚,包括这些媒体记者的名字:乐缨、沈克乔、徐国英、姜丕基、杨俊、孙华良、刘因、李淳、王明铎、章洪、鱼志平、刘小庆、施根贤……

我几乎每天与他们相伴在一起,采访、写稿、编辑,我在阅读他们的文章里慢慢成长。我知道,当一个真正的地产记者,需要进入基层一句一句问出来的,需要东南西北一步一步跑出来的,需要在写稿时一点一滴思考出来的。

我喜欢这样的氛围。与这么多媒体同行们,不是指点江山的旁观者,而是相伴产业的同行者。

3

时间是个导演,在剪辑许多故事。

当年,所有上海的老地产人都不会忘记,许多影响上海地产年度市场走势的重大活动,几乎都出自媒体圈,像"老记看房""购房直通车""年度经典楼盘盘点""双十佳评选"等,我亲历并见证了这个特殊的人群,对推动上海地产业发展的巨大贡献。

在我们的笔下,不断地报道华东师大张永岳、社科院张泓铭、上海财大印堃华的学术观点,上海地产有了"学术三教授"的时代。

在我们的笔下,不断跟踪着绿地、陆家嘴、复地、农工商、大华等一批本土地产集团的观念、产品、创新,上海地产掀开了"创新发展"的全新一页。

在我们的笔下,不断地寻找新联康、利达行等第一代营销机构的全新理念,上海地产真正开始了"市场营销"的时期。

地产媒体圈受到产业界的关注。当年地产界"上海三剑客"美称,并不是对姜丕基、孙华良和我三个人的肯定,而是对上海地产传媒广义的赞美。

有一天,中国房地产业协会杨慎会长从北京电我,当年的"中国房地产发展论坛"在上海举办,他点名让我主持一个全国性的分论坛。我知道,这位曾经的国家住建部副部长,是在用另一种方式,表达房地产业对上海地产媒体圈的肯定。

4

老地产人简劲宏,在他的西班牙餐厅,邀请过去的媒体朋友们一聚。

当年,我们曾经日夜相伴在一起的媒体朋友们,如今已散落在这个城市各处。新的互联网媒体开始取代过去的传统媒体。跟随我媒体多年的弟子们,有的转型成自媒体主角,有的在新的地产岗位担任要职。

我们聊起过去的故事。聊起延安路上的申广房地产交易市场,上海市场化曾经的起源地;聊起展览中心上海房交会火热的场面,那曾经是上海地产的晴雨表;聊起曾经的蓝印户口政策,购买一套80平方米的住宅,可入上海户籍的往事。

举杯,不是感叹时光的流逝,是向曾经的过去敬礼。

当年的孙华良已是"爷爷"辈的老克勒,如今依旧是花衬衫、白裤子的时尚打扮,他的世纪之门策划宣传,仍记忆犹新。

那个抽烟打转的老顽童姜丕基,转眼成为外公。他在互联网的今天仍改不了用当年的传统相机拍照的习惯,叙述起他当年关注的益民公寓,那篇刊登在《新民晚报》的评述文章,依然经典穿肠。

如今,沈克乔主持着上海房地产商会;乐缨在上海房地产业协会发挥余热;李淳、刘因、梁志超的采访稿,仍然高产于今天的互联网;而章洪远在新西兰尽享天伦之乐。

时代变了,情怀依旧。我特别欣赏孙华良的情怀感言。

时光荏苒,上海地产媒体圈的故事,一直会鲜活地留在大家的记忆里。

地产三剑客

20世纪90年代的上海楼市,有一个地产"三剑客"的称呼流传于行业。

《新民晚报》的姜丕基年龄最长,《新闻报》的孙华良其次,我当时在《文汇报》,是"三剑客"里年龄最小的一个。

1

在报媒一统天下信息的90年代,许多房产人是在阅读着官方报媒《地产新闻》和分析评论中成长的,且市场影响力极大。能在偌大的上海诞生地产"三剑客",或许与此有关。

我们三人的性格不同、文风不同、主管的媒体不同,正是这样的差别和补位,使上海地产传媒在那个特殊的年代,形成了锐利、精准、前瞻的组合。

我们几乎天天会见面,或者在采访的途中,或者在研讨会的会场,或者在聚会的餐厅。我们互相都知晓对方的每日"行程表"。

当时上海乍浦路美食街的"华南饭店",是我们共同的第二"工作间"。华灯初上后,我们几乎各自利用晚餐时间,在这里约谈采访，互不干扰而又相敬如宾。而且，还会及时沟通和交流各种市场的信息，形成共识。

我不知，当年上海地产传媒庞大的人群，一直保持着和谐向上的风气，是否与我们"三剑客"的互助与友爱气氛有关。

2

姜丕基的剑客力量，是他长期新闻修养培育出的标题功力，这应该是当年上海房产传媒的第一把交椅。

他周六"新民楼市"每篇头条，常常会引发新一周上海地产的热点和关注点。我记得一个原本不为人知的益民公寓，他笔下的几百字小文，立即会引爆市场。因此，我在姜丕基的身上，一直在汲取新闻敏锐的习性。

孙华良的剑客魅力，是他性格和文风合成的。

敢言不让的锋利性格、市场走向的大胆预测，他领衔的《新闻报》原本属于第二梯队媒体，而他凭着他的独特能力，把报社的房地产专刊做成了上海地产第一梯队的专业周刊。他的"世纪之门"旋风，直到今天仍是可圈可点的经典。我特别喜欢他锐利的楼市点评文章，他的文风曾经影响了我很长一段时间。

我可能配不上剑客的称号，我只是以勤奋与时间赛跑。

我在任《文汇报》地产主编时，非常幸运拥有徐国英、唐大卫这样多名优秀的记者，加上当时上海容量最大的"房产世界"周刊，才有可能站在上海地产的制高点，推出像"上海地产双十佳"这样影响力的事件，引发国家住建部、上海房地局领导的支持和关注。

那个地产岁月，令我们难以忘怀。"三剑客"不仅成为众多开发商的知己好友和营销"高参"，那个年代，上海很多的热销楼盘，都会留下我们创新营销策略的功绩，也为我与孙华良之后转战营销代理行业，奠定了厚实的专业基础！

3

姜丕基退出江湖后，我和孙华良兄弟的剑客友谊增添了更多的色彩。

我们有太多的缘分和相似的经历。

20世纪80年代，孙华良是现代诗人，而我喜欢乡土诗。我们在80年代的文字里相识并成为朋友，在90年代的传媒界工作成为剑客，在21世纪初年中国地产业熟知成为兄弟，在近十年的海外地产里成为同行。

孙华良在《新闻报》时，创办了他的新圣营销，这应该是上海地产媒体人创办最早的房产策划营销公司。我在1999年从《文汇报》下海创业，也以我的地产笔名创办了"荒岛工作室"。我们成为地产营销界的同行与朋友。

后来，我去了南半球的澳大利亚地产圈，孙华良开启了他的美国地产和柬埔寨地产之旅。我们在不同的经纬度忙碌，却又成了海外地产业界的同行。

我们间的江湖兄弟、剑客情谊，没有因为性格的差异而褪色，而是成为一个难忘岁月的故事而留存下来。记得当年上海《新民周刊》主编丁曦林，约我和孙华良一起，共同开出"华东论剑"的重点地产评论专栏。"华"取源于华良之名,"东"出自仰东之名。

这不仅是我和华良第一次联合开设地产评论专栏,也让我们感知生命里注定的缘分。

我特别喜欢华良兄的人生感言:情怀。

他以大胆的服饰色彩、豪爽的饮酒风格、直言的性格特征、豁达的处世习性,敞开着人生。我佩服他在"爷爷"辈的年龄里,依然能与年轻地产人融合在一起。

他的"念旧而不保守,敢言而不记仇"的剑客情怀一直感动着我。

最近,应我们共同的好友王岳祥的邀请,我又与他相逢在酒席,他的风格依然如故。他说那个年代的地产那些事儿,真的是上海房地产行业的精神财富,他想花一些精力,把它们抢救记录下来……

他约我一起参与,我相信他的资历能把此事做好,我相信他的情怀能把此事做实……更主要的是,假如真的有那么一天的话,我自愿加入一起践行我们的剑客情怀。因为,我们永远是兄弟!

"荒岛"的往事

1999年,我从文汇报社辞职下海,控股成立了上海第一个房产工作室——荒岛房产工作室。

我的人生出现了重大转折。

1

取我在报社的笔名"荒岛"注册公司,是对报社培育之恩的感谢。

我的下海之路,得到了产业界的支持。国家住建部、上海市房地局、上海市规划局等主要领导,在希尔顿酒店为我的创业举办了启动仪式。让我感受到了这注定不是孤独的前行。

荒岛工作室隶属于上海房地集团,集团董事长徐林宝,成为我最早的启蒙导师和坚定的支持者。为了我在更宽的平台上磨炼,同时让我兼任了上海房地产资产管理有限公司、上海房地产信息发展有限公司两个大型公司的总经理。

我知道,这位上海地产界的著名企业家,希望我沿袭地产主编时的热情与斗志,成为新一代的地产人。

我与第一代的荒岛员工,率先推出了房地产市场数据研究。

上海地产市场第一份定期发布的专业报告《荒岛报告》面世。

一石激起千层浪。

《荒岛报告》迅速引起房地产企业的关注，近300家房企成为当年的用户，从每月定期的综合版到细分的专项版，从印刷发行版到电子版，从季度大型市场座谈，到每周地产信息分享。

荒岛工作室成立的当年，在中国房地产业协会举办的中国住房发展论坛上，我首次以房地产营销人的身份，发表了《房地产营销策划十大障碍》的论文。

地产信息与地产文化的概念引起社会关注。《荒岛报告》也成为上海房地产交易中心唯一认定的市场报告。不久，应清华大学EMBA邀请，我开始把《荒岛报告》带上了清华大学的讲台，也首次推出了中国房地产信息化的系列课程。

2002年，搜房研究院在企业管理出版社出版了《总裁的声音》一书，推出了王石、潘石屹、任志强、冯仑、郭钧、林少洲、莫天全、孟晓苏、张宝全和我，共十位影响中国房地产业的人物。我知道，这并不是对我个人的肯定，而是把房地产营销首次列入中国房地产核心板块，引起业界关注。

2

那时的房地产业，百废待兴。我欣慰在中国房地产营销的启蒙期，能在上海如此肥沃的营销土壤里带领荒岛团队一起成长。

上海"0坐标"大盘——中凯城市之光，赋予了荒岛工作室步入营销代理的机遇。荒岛从此在中国房地产营销界，展开了整合营销、全程营销的系统性探索与实践。

荒岛工作室与中国首富刘永好合作的"上海世纪公园观景台"项目、与威海第一地产商宏建地产的异地包机看房活动、与南京义乌商贸城的"中国首届商业地产论坛"、与山东省房集团的青岛"紫荆花园",还有联合六家开发商集体推出的上海佘山国际社区概念,这些整合营销案例引起了业界关注。

上海荒岛工作室与当时的天启、同策、聚仁、华燕、晏子、策源、新联康成为上海房地产营销的八大金刚。

恰逢其时的中国房地产营销时代,我在中国同行中,最早在荒岛工作室建立全国市场部,在不到三年时间里,先后开设了南京、青岛、合肥、哈尔滨、南宁、杭州、重庆、长沙、南昌、郑州、洛阳、太原12个省会城市的分公司,仅荒岛南京公司就猛增至近200名专业人才。

与此同时,荒岛招兵买马在上海地区开设了第一家旅游度假营销专业机构——"上海金雁汇",业务迅速扩展到山东长岛、海南三亚、云南大理、广西北海、浙江萧山、江苏周庄等十几个城市。

荒岛工作室连续六年获评上海房地产营销最高荣誉奖项——"金桥奖",并成为上海房地产经纪行业协会副会长单位,跻身中国房地产营销十强。

3

迅猛的房地产开发,驱动了房地产营销专业市场的发展。2000年,我和华东师大房产系主任张永岳教授合作"房地产整合营销理论研究"课题,获得了上海市科学技术成果奖。

从地产传播转向地产营销,需要更多地关注产品与市场。中国建筑大师蔡镇钰老先生给了我很多产品的教导；中国房地产业协会秘书长顾云昌先生，带我打开了全新的视野。我不断地将这些营销营养分享给我的助手和弟子们。我把荒岛视为"地产营销的黄埔军校"，希望更多有地产营销理想的年轻人，能在这里实践、在这里成长。

员工们称我为"许老师"。我喜欢在"荒岛"的天地里，这种亦师亦友的气氛。每每当许多"荒岛"人在这里成熟，远走高飞到更高的平台时，我总会为他们庆贺，为他们祝福！

我庆幸作为中国第一代的房地产营销人。我们艰苦的努力，开始得到业界的肯定。

2008年12月25日，中国房地产及住宅研究会，在北京钓鱼台国宾馆，举行"中国首届房地产策划大师"颁奖仪式。

会上宣布："王志纲工作室首席策划王志纲、上海荒岛房产工作室董事长许仰东、华高莱斯国际地产顾问公司董事总经理李忠、中原地产华北区董事总经理李文杰、伟业顾问总经理林洁、世联顾问中国股份有限公司董事局主席陈劲松、中国策划研究院执行院长陈国庆、易居中国总裁周忻、泰盈置业集团总裁黎振伟九位专家，为首批中国房地产策划大师。"

我从全国人大常委会副委员长手中接过证书的时候，内心感恩的是，因为追随着一个全新的地产时代，才有了我们房地产营销圆梦的机遇。

4

作为荒岛工作室的掌门人，曾经的营销生涯改变了我的一切。

我并不后悔,为了自己喜欢的地产传媒事业,我与解放日报报业集团合作成立了上海润岛文化传播公司并出任董事、总经理后,离开了事业正旺的"荒岛"营销,使原本可以更上一层楼的"荒岛"止步于中国地产营销界。

但我创办的"地产星空"系列周刊,全面落地在《解放日报》《文汇报》《新民晚报》《新闻晨报》等所有主流媒体,我实现了上海地产传媒全面整合的历史过程。

这是向"荒岛工作室"另一种敬礼。

人生,原本就是一段旅程。

曾经在"荒岛"的往事,永远是我对地产最浓厚的记忆。

飘扬在南半球的五星红旗

十个小时的长途飞行,我从史密斯机场踏上澳大利亚土地的那一刻,真的是向中国地产说再见了。

在这片陌生的国土,我将开始全新的海外地产之旅。

1

我的行囊里有50面五星红旗。这是我离开中国的时候,专门印制的。

临行前,在虹桥国宾馆举行的"中国首个房地产出海联合体成立仪式"上,我辞去了上海中凯房地产开发管理有限公司董事长的职务,以上海连合房地产投资有限公司董事、总经理的身份,向到场的200多位嘉宾告别中国地产。

此行南半球的澳洲,我肩负着身后中国十个房产业、十个股东的信任,他们是我在地产圈里多年的朋友。

我在中国地产25年里的房产媒体经历、房产营销生涯和房产开发管理历程这三段不同的体验,让我看到了地产业从弱到强、从单打独斗到资源整合的变迁。我一直梦想能去国际房地产舞台亲历第四段地产事业的经历。

十家企业的抱团出海,圆了我的海外地产之梦。

澳洲的首站是第一大城市悉尼。海德公园旁的那幢36层的地标建筑卡斯丽,在我的心里,那不是一幢物理意义上的建筑,而是在西方世界里,中国地产人的一段出海故事。

2

我们这些听着《义勇军进行曲》国歌长大、在五星红旗下洗礼的人,无论走到世界任何角落,改变不了血脉中的中国情结。

在Park St悉尼联合UDS的总部、在伊丽莎白大街项目展示中心、在巴瑟斯街的项目工地,大凡显要的位置,我把随身带着的五星红旗挂了起来。

五星红旗下,我心里是踏实的。

最早发现的是澳大利亚著名建筑师Angelo先生,他是我们悉尼卡斯丽的总建筑设计师,这位多次获建筑大奖的著名建筑师问我:"你们想告诉澳洲一个全新的中国?"

后来,我们成为亲密无间的朋友,在不到一年的时间里,Angelo先生三次来到中国,去上海,到北京,赴湖北,他亲历并体会了一个伟大的中国,被东方古国的历史文化而感动。我们悉尼项目的每次活动,他习惯站在五星红旗前发言,赞叹与中国企业的合作是一生的荣幸!

一面国旗,告诉所有的人,我们不是孤独的前行者,背后有一个强大的祖国。

3

我们卡斯丽项目开盘前,澳大利亚最顶级的营销大师、CBRE董事长David在达令港约我吃饭。席间,他与我讨论了开盘仪式的细节。

我知道,他是在善意地提示我,在展示中心如此显要位置挂着五星红旗,是否会影响澳洲本土购房者?

在奥运会上能升起那么多五星红旗,在一个小小的展示中心为什么不能?悉尼整个CBD只不过是上海的一个街区。上海连合地产的十个股东在过去的20年,建设了近500幢卡斯丽这样规模的房子,在五星红旗下开盘,会是一种信任!

面对我的坚决,他点头。一半尊重,一半妥协。

2017年8月12日,开盘当日,我在遥远的南半球,第一次享受到五星红旗下的自豪。我们卡斯丽项目连创悉尼海德公司三个历史纪录:均价首次突破每平方米3万澳元,单日成交量历史最高,单套总价突破历史纪录。卡斯丽被列为悉尼CBD年度十大潜力盘榜首。

David拿着香槟过来向我致敬,告诉我,成交客户中有80%以上是当地的澳洲人。明天,《澳大利亚人报》等一定刊登新闻。

望着五星红旗背景下如此火爆的热销场景,我的眼中泛出一丝泪光。

4

我住在乔治大街悉尼市政厅旁的罗米亚公寓。每天经过市政广场,总会看到悉尼市政广场中央唯一的雕塑。那个取名《铜帆》的雕塑,落成于1992年。有两个铭牌,一个中文,一个英文。

铭牌上的文字是这样的:"这座艺术雕塑铜帆是由悉尼华人筹款建立。借以纪念悉尼开埠150周年!并表扬华人长久以来对澳洲社会的贡献。"落款:悉尼市副市长曾筱龙。

时光转动了25年。今天的中国已是世界第二大经济体,今天的中国房企,已经可以投资建造世界一流的建筑。

《铜帆》的背后是祖国,是五星红旗的力量。

在五星红旗下,2017年5月24日,我与法国雅高集团总监Mr McGrath先生在悉尼签订了MGallery奢华五星级酒店进驻卡斯丽的协议;

在五星红旗下,2018年5月31日,我与澳大利亚最大的民营建筑集团Hutchinson主席Scott先生签订了卡斯丽工程总包协议,以建设悉尼最高标准的建筑。

澳大利亚中资房企的同行们,在我们卡斯丽项目开工、开盘等重大活动时,一次次前来祝福,我与保利、绿地、新希望、上置、碧桂园、首开、新华联的老总们无数次在五星红旗前合影,记录今天的中国企业前行于海外的精神风貌。

孙楠有一首《红旗飘飘》的歌中写道:"五星红旗,你是我的骄傲! 五星红旗,我为你自豪!"

如果在远离祖国的地方,相信,你也会与我一样,为五星红旗而骄傲!

卡斯丽：要说爱你不容易

悉尼巴瑟斯街203号，地下24米。

我第一次站在这个地下8层的标高，仰望着深邃坑基上方的那片天空，特别幸福。

从今天开始，卡斯丽项目度过了最艰难、最危险的地下土方工程，项目将从这里开始向地面崛起。

作为悉尼联合发展有限公司的CEO，我想说：悉尼地产，要说爱你不容易。

1

巴瑟斯街卡斯丽项目基地对面，伊丽莎白大街201大厦的21层，是卡斯丽项目的展厅。

那个乳白色的卡斯丽模型，在五星红旗的背景下，如诗如画地诉说着一个美丽的故事：一批中国的老地产人，联手在南半球最繁华的都市之心，以36层的超高层建筑，改变着巴瑟斯街的历史。

我几乎从谈判的第一天起，就留驻于悉尼这座城市，转眼度过了漫长的705个日日夜夜。

中国房产25年，从没有一个项目如此让人揪心。那是夹杂着欲望、信念、无奈和困惑的一个过程。

在南半球的悉尼，这样一个完全陌生的地产世界里，投资建设悉尼CBD的地标建筑，注定是一次艰难的历练。

2

我为这个项目起了一个美丽的名字"悉尼卡斯丽（SYDNEY CASTLE）"。

其实，这不是一个光鲜的符号。

在悉尼城市之心，施工工地的狭小、周边老住户的矛盾、保护建筑的维护、悉尼地铁线要从基地穿过……全是工程作业的大考，我们几乎每天在挑战着极限！

一个一个的安全会议，反反复复的技术论证，打不完的申请报告。老牛慢车的澳洲房地产开发过程，卡斯丽项目一直在钢丝上行走。

地下8层，几千颗铆钉。全是计划外的安全工程投入，任何一点岩石裂缝，都必须坚定不移地加固浇灌。

可研报告的预期时间一次次拖延，投资计划的资金安排一次次修改。如果没有身后一批优秀股东的支持，如果不是对项目坚定不移的信念，卡斯丽可能是一个被笑话的烂尾楼段子。

3

卡斯丽，与其说是悉尼CBD的一幢大楼，还不如说是来到南半球的一个中国孩子。

遇到傅建平先生,是卡斯丽的幸运。

我矢志不渝地陪着巴瑟斯街这个工地,一半是地产职业的信誉,一半是对傅建平董事长信任的回敬。

撑起一片天地,既是资本的力量,更是对资本的态度。

卡斯丽遇到的困难,是当初所难以预料的。过去的700多个昼夜里,200多个风险点的挑战,绝不是诗情画意的海外地产之旅。

我佩服傅建平先生的坚持。他带着澳洲著名设计师Angelo三下中国,意在让东西方文化融合成最优秀的建筑作品。他整整一周陪着澳洲著名的建筑总包集团Hutchinson,转遍了中国的上海、北京,叙述了投资悉尼卡斯丽的梦想;他全程参与了项目酒店品牌的全球招商,亲定了世界级酒店品牌法国雅高MGallery进驻项目⋯⋯

为了这个项目,傅建平先生以中国商人的血性,坚定不移地把卡斯丽建成不朽的建筑作品梦想,付之于实践。

我亲历了这个过程。不是敬佩,而是感动。

4

这个中国的春节,卡斯丽是最好的礼物。

因为最艰难的地下部分画上了句号。

我记得在卡斯丽动工前,我写过一篇《寄给海德公园的一封情书》。

我记得在卡斯丽开盘时,500多位购房者挤满售楼处热情抢购。

我记得只要有困难,傅建平董事长总会出现在巴瑟斯街的现场……

悉尼房地产市场不断波动的今天,卡斯丽项目连创海德公园房产市场多个第一。购房者的信任,是一面无价的锦旗,立在我们的心里。

这应该是我们来到南半球悉尼最高的回报,也应该是当今中国企业需要的骨气。

悉尼的华人地产圈

悉尼——南半球这个陌生城市，因为有一个华人地产圈，在我心里特别亲切。

这是我地产生涯中，一个特殊的历程。

1

这是一个全新的地产群落。

我一开始走进他们中间的时候，就倍感亲切。

悉尼的华人地产圈，清一色的年轻精英，高学历、流利的英语……我羡慕他们在这样年轻的时光里，就开始肩扛起重任，在西人的地产世界里拼搏。

我从踏上这片土地起，就淡忘在中国地产圈漫长的经历，重新回到20多年前入行时的习惯，唯有以一个海外地产新兵的身份，才能与他们融合在一起。

从悉尼港的新华联歌剧院1号，到达令港的首开项目；从悉尼大桥的万达海景楼，到海德公园的绿地中心；还有保利、碧桂园、新希望……我穿越在悉尼城市的街区，从一个个华人的地产项目中,汲取着全新的地产营养。而悉尼华人圈的朋友们,毫无保留地叙说着在这里的经验与得失。他们从不同的角度,为我扎根悉尼地产提供了无私的帮助。

我们开始成为新的地产战友,确切地说,成为亲密无间的朋友。

我喜欢这种不同于在中国时候的地产氛围,能在遥远的南半球,携手前行是一种血缘的力量。

2

西人的地产世界,是另一种规则。

我在告别中国地产的时候,有了足够的心理准备。

我在悉尼的寓所紧靠着市政广场,广场上那个唯一的雕塑《铜帆》,就是为纪念华人曾经对这个城市特殊的贡献而建。我每天路过这个雕塑的时候,一直在想:"今天的华人,不再是这个城市的过客;我们正以资本的力量,在这个南半球最大的城市里,重塑关于中国的故事。"

我们起步于悉尼的卡斯丽项目,是这个城市原点——海德公园的地标。古老的巴瑟斯街上,将耸立第一幢由中国人投资建造的超高层项目,第一个国际级标准的雅高五星级酒店。

悉尼华人圈的朋友们,一边祝福着我,一边担心着我。他们无数次地来到我的办公室,告诉我这是一场地产大考,在CBD核心区如此狭窄作业面的施工难度、地铁穿越项目基地的各种矛盾、文物保护建筑与新建筑镶嵌的困难、地下8层开挖时岩石层不可预测的风险,全是近乎极限的挑战。

在他们的鼓励和支持下,我和我的悉尼团队们熬过了漫长的困难期，当卡斯丽项目举行地下工程完工仪式时，悉尼华人圈的同行们，从四面八方集聚到了我的工地现场。

他们向我鼓掌，我向他们鞠躬！

3

悉尼有条唐人街，是悉尼华人地产圈的周末据点。

忙碌了一周，地产圈的朋友们会拎上瓶茅台，在唐人街的饭桌上欢聚。

在中国的很多酒局，茅台总有特殊功能，与某种公关或者感恩有关。你端起酒杯的时候，必须认真猜测敬酒词背后的含义，小心翼翼地面对酒杯里的"含金量"。

悉尼的地产圈却不同。

拎着茅台是为了热闹，倒进酒杯该喝就得喝。乱七八糟的敬酒词，不分边界，随便什么理由，只要尽兴就好。

敬你酒，纯粹是快乐，不是要求你办什么事；酌满杯，完全是高兴，不是因为你的职位多高。

酒足饭饱，我在餐桌上看到了悉尼地产圈鲜为人知的另一面。

许多华人地产职业人的背后，是五星红旗，是华人资本和中国老板。作为在海外前线的地产战士，他们既是先锋队，也是替补队。

他们一边说着英语与西人们周旋，一边说着中文向远方的中国汇报。他们既是海外的名片，也是被责问最多的对象。

效率低、成本高、利润少。以中国式的地产观念去比较悉尼，悉尼地产圈的朋友们承受着许多的压力和不公。

我常常在周末的餐桌上，致敬他们，也安慰自己。

因为大家是悉尼地产圈的兄弟；因为都是远离故土的华人；因为谁都有喜怒哀乐的经历；因为无数个因为，人生原本就是一场历练！

我喜欢这种气氛。喜欢这种平等、简单、纯粹的友谊。

4

我的悉尼卡斯丽项目，设置了一个"时间胶囊"，记录我们这一代华人地产圈曾经的故事。

我邀请在这些日子里，参与和关心过悉尼卡斯丽项目的悉尼朋友们，把自己的感受亲笔书写于纸，永久封存于这个"时间胶囊"里，留给100年后的悉尼。

我不知他们写了什么，是中文的感受还是英文的表述？

或许，在卡斯丽这幢悉尼地标落成后不久，我又会重新回到我的祖国。假如有一天，再次路过海德公园的时候，在这里难忘的工作历程，还有那些悉尼地产圈的朋友们，一定是我关于悉尼最美好的记忆。

而他们，或许依旧会在悉尼这片土地上工作、生活。

100年后，当卡斯丽的"时间胶囊"打开的时候，我们后代的后代，在仰望卡斯丽这座伟大建筑的同时，我相信，他们一定能阅读到21世纪初，悉尼华人地产圈曾经的故事……

5

卡斯丽展厅一直挂着一面五星红旗。

五星旗上没有注释股东的名字。

一代中国地产人来到悉尼，原本就是一个故事；所有的故事，有一天会变成历史。

卡斯丽现场，有一个"时间胶囊"，里面盛满着中、英文的记录，将永久陪伴着这个伟大的建筑。许多许多年后，悉尼巴瑟斯街，相信卡斯丽会以另一种方式叙说，在21世纪初叶，五星红旗背后一批中国地产人，在这里曾经的经历……

再见曼哈顿

1

我在搭乘私家游艇靠近曼哈顿的那一刻,距离上次考察美国整整20年。

五点钟的太阳,正落在自由女神的火炬上。此时,纽约的天空有些云雾,海平面金色的波光,像一个天然的舞台,映衬曼哈顿傍晚将近的风景。

这是美国的骄傲。

前方的那座城市,在我的记忆里,最深的是《北京人在纽约》的连续剧。

我在20多年前第一次踏上曼哈顿的时候,像许多中国人一样,曾经仰望而惊艳着这个城市的一切。

在没有微信、互联网的时代,曼哈顿一直跳动在记忆中,当时,我还在《文汇报》当记者,唯一的记录就是几篇当时手写的《纽约日记》。

如今那些手稿封存于我上海办公室的抽屉里,眼前的曼哈顿,不再如当初让我心潮澎湃。

2

世界变了。

穿梭于纽约摩天大楼的夹缝里,与各色人种擦肩而过。我习惯会把一个过于熟悉的上海,与一个完全陌生的纽约,放在视线和心灵的两端比较。

我以一个地产人的视角,行走在曼哈顿的街头。

纽约的建筑已不再如当年神化,这个在很长的时间历史里,以巨大财富堆积而成的城市,自然有世界级的作品存在于此。当你穿过第七大道霓虹闪烁的夜晚时,会明白以世界主流词汇定义的地方,人们为什么称之为"帝国"?

再给上海更多的时间,这种景象在我们的后代里有一天也会出现。这个时候,我有一种特别的幸福感,能在我们这一代人的生命里,遇上中国经济激情燃烧的岁月,在上海这座城市见证中国地产的变迁。如今,行走在曼哈顿建筑的森林里,能自豪地想到陆家嘴美丽的风景线。

3

从游艇甲板再次踏上曼哈顿岸线的时候,我想起了过去的一个上海地产朋友章慎协先生。

我是在偶然的一次聚会里,听说他因癌症离世,走的时候很年轻。

我一直记得,一个秋天的下午,在他徐汇区的办公室,他突然与我聊起美国。在90年代初,美国像星球一样遥远。他说,想约我去地球的另一个世界,汲取些地产的营养,带回上海。

我有了第一次美国之行。在纽约,在华盛顿,在夏威夷,在迈阿密,我不断地拍照、写日记,被那些建筑空间、现代设计、配套功能吸引着。我几乎忘记了窗外的异国风情,作为中国的地产记者,第一次感受到与世界巨大的落差。

那时的曼哈顿,是一个美丽的梦。

4

时光转动了20年。

世贸大厦,当年曾经是美国的骄傲,如今消失在曼哈顿的风景里,连同几千条生命,变成了两个地坑。

当年怀抱理想,那个陪我美国之行的好友走了,他的企业也消失在上海地产的记忆里。

在曼哈顿的堤岸旁看着对岸新泽西的一片高楼,我像站在上海中山东路看着浦东的陆家嘴,确切地说,是十年前的陆家嘴。

"9·11"事件16周年的晚上,我正好在纽约。我站在曾经伟大的曼哈顿中央,像踏在这个城市的伤口上。刻满无数逝者名字的大理石围墙,人工瀑布层层叠叠地流向中央水池,加上绵绵细雨,显得有些悲凉。

我很久很久地伫立于此。

眼前的世界与生命的意义,在这一刻,变得尖锐而刻薄。

曼哈顿已经是另一个世界。

它所有的荣耀与得失,与我无关,没有我们的经历、故事。这个时候,我为自己曾经是一个中国地产人感到骄傲。

因为历史已经翻开了全新的一页。

5

地产常常代表一个城市的力量。

纽约也是如此。世界许多的富商,依旧把纽约作为追续的高度。

但纽约不值得迷恋。

因为我看到了今天上海的许多房地产项目,开始与他们处于一个起跑线。

当地的老华侨在茶后饭间,说着他们的纽约房产故事,我相信他们的叙说是真实的,但对经历中国房地产的人来说,已经没有20年前《北京人在纽约》剧本中的那些情节。

我们经历的波澜壮阔的中国地产,同样有精彩的故事。我们不是来瞻仰昨天的纽约如何辉煌,而是在承认差距后如何理性地缩短追赶的步伐。

再见,曼哈顿!

"弄堂口"的情怀

坐在"'弄堂口杯'第五届上海地产人足球锦标赛开幕式"第一排贵宾席,亲眼看见今天上海地产人如此浩大的业余赛事的场面。

感触并震撼。

作为锦标赛的联席主席,我为新一代的上海地产人骄傲。周海锋、杨健、孙华良、黄伟等各自都是不同地产企业的骨干,却一直坚持着在繁忙的工作之余承担着组织工作。

"弄堂口",有新一代上海地产人的情怀。

1

在中国地产界,这样规模、如此规格的上海地产人足球锦标赛,是绝无仅有的。

32支球队、64场赛事、2个多月的跨度,出现在2020年这个特殊的时间,创造了一个新的历史。

昨天,亚洲足球先生范志毅率领众多国脚,在球场上与上海地产人足球联队竞技,绝不是作秀,而是对群众体育活动的首肯和支持。

我喜欢上海地产人当下新的职业态度，更欣赏他们共处地产业中更宽广的胸怀和态度。

曾经过于急功近利的地产时代，曾经各霸一方的同业为敌的历史，被新一代上海地产人淘汰成为历史。

披挂上场，背后其实在磨炼意志和团结的力量。购地、建造、卖房，不应该是地产人生活的全部。忘掉职位的高低、企业的大小、年龄的差别，把健康、友情、合作的精神，以足球锦标赛的方式带进上海地产业，新一代地产人试图在改变着上海房地产陈旧的习俗。

我看到更为真实的新一代上海地产人，从他们身上，可以呼吸到那种更平等、更健康、更融洽、更宽广的气息。

2

"一沪百应，重燃激情"的开幕式背景板前，杨健联席主席的发言，是闪耀在今日地产世界里上海地产人全新的风貌。

上海地产人足球赛风风火火到第五届，其实，并不是因为赛事的专业水准，而是向上海地产人注入了另一种活力和友谊。

从各房企组队、训练，到队服、战术，从比赛场地、赛事安排，到裁判队伍、比赛观摩，全部是自筹资金、业余时间。

这绝对不是不务正业的儿戏，而是新一代上海地产人，正努力地以此为契机，重塑地产人职业新的从业心境。

我行走于宝山体育场，目睹了他们在赛场上奔跑的身影，回忆上海地产人曾经沉闷的过去，感叹年轻的地产人正在修改着职业规则的勇气和行动。

没有健康的基础,不会有职场拼搏的本钱;没有同业的友谊,只会是孤独地前行;没有勇敢的意志,无法肩扛职业的重任。

正如孙华良老师所言:地产人足球锦标赛,不是不务正业的娱乐,而是新地产精神的一次闪电!

3

我特别欣赏以这个非常好的名字——"弄堂口"冠名这样的活动。

因为这个唯美绝伦的名字,我关注周海锋先生,关注他对于上海地产人足球锦标赛作出的贡献。

"弄堂口"这个名字,是属于上海人的,会让你怀念这个城市的过去,会让你骄傲这个城市的今天,会让你向地产业致敬,也会让你去反思地产的缺失。

地产改变了我们这代人的生活,改变了上海这座城市。

许多的喜怒哀乐,都情系着"弄堂口"。"弄堂口"像是一个逐渐消失的上海符号,又像是一个让人留恋的昔日回忆。

"弄堂口"是上海地产人足球锦标赛的名称,其背后也蕴含着上海地产人前行路途中丰富而复杂的情愫。

我想,上海地产人足球锦标赛,是他们在物理意义和精神意义两个坐标轴上,追寻着新的世界。

4

2020年的疫情,改变了世界,也改变了我们。

这个时代,更需要勇敢与坚强。

上海地产业,不应该是一个弱肉强食的战场,应该是一个互相拥抱、励志同行的产业。

我在"弄堂口"的活动中,亲历了他们以年轻人的勇敢与活力,在健康地产、快乐地产之路上闪耀出的精神力量,他们迎接的是一个全新的上海地产时代!

湖友会,友谊的长廊

1

最初知道"湖友会",是多年前在程友进先生的《新民晚报》地产内刊上看到的。

说实话,第一印象没有什么好感。甚至觉得这个有点乡土气息的名字出现在上海滩,既不权威,又不上口。

我有些不屑一顾于这个民间组织。这个串联着上海营销人的"湖友会",既没有上海房产经纪人行业协会的权威,又没有大型营销企业接地气的利益,我想,湖友会应该会像许多的民间组织,一时热闹一番而已。

后来我知道,2006年夏天,杨健、周海锋、高增华、张涛、张祯健、张义泓、陈隽岭、钱建良、张义鸿、李敏珠等,受时任主语公司新民晚报房地产事业部总经理程友进的邀请,来到千岛湖畔。在杨健建议下,湖畔结义,立志共同繁荣上海地产营销新的圈层,于是有了"湖友会"!

正是没有利益的交易和驱动,"湖友会"就像上海地产营销业的友谊长廊,弥漫着互助、互爱的气息,陪伴着大家一起成长。

2

有一天,我收到杨健会长的活动邀请函,名字叫"湖友会和他的朋友们"。

我被"朋友们"三个特别亲切的字眼吸引。

我加入了"湖友会"的微信群。

近300位上海地产营销人,几乎囊括了上海楼盘销售和营销管理的精英,其中,有很多我熟悉的同业精英。

我翻阅着群里的内容,没有作秀,没有交易,很纯的信息与交流,直白的问候和表述。

"朋友",这个因上海地产业激烈竞争远离很久的一个词,回到了自己的身边。

我特别喜欢这样的感觉。

我开始亲近并关注"湖友会"。

3

我第一次参加"湖友会"的活动,是在杨浦创意园的一幢洋房里,2015年1月18日"'湖友会'2014年年会"。

那个晚上,湖友会的朋友们把我的记忆拉回到了20世纪90年代,拉回了上海地产最纯粹的岁月。我和姜丕基、孙华良以"三剑客"身份,在分散很多年后,第一次重聚一起。

年会上,杨健会长以隆重的礼节,向我们失散的地产"三剑客",致以全体的敬礼。

在那个晚上，宋家泰主持着年会。我看到了阳光城王锋非常高水准的年度营销案例的交流，那些有血有肉的解剖，直接源于市场操盘手的经验；我看到他们活力四射的服饰，一改地产人自作清高的严肃；我遇见了散落在这个城市地产界的绿地集团营销总经理魏宪忠等朋友们，还有陈敏等一批曾在我的荒岛工作室工作过的老部下，重聚一起举杯畅饮曾经的友谊。

在上海地产几十年，曾经"同行是冤家"的习俗，以职位三六九划分圈层的风气，在眼前的"湖友会"，被"朋友"这个全新的名字所覆盖。

我特别欣赏他们这种打破习俗的勇气，我喜欢这种鲜有的地产业纯净的友谊。

4

我至今还不是"湖友会"的会员，作为他们的朋友，我一直以特别的方式，与他们亲切地相处。

"湖友会"的许多人，都称我"许老师"。我查阅着如今他们各自风云于地产圈的业绩，却依旧如此谦虚，有些愧对于这个称呼。

如果说有上海房地产营销的百科全书，肯定会有"湖友会"的名号。这个覆盖上海地产庞大的一线营销精英们的民间组织，一直以最真诚、最快速、最有效的信息，连接着大家。

我在远离中国地产的海外工作的几年中，"湖友会"的朋友们给了我许多的帮助和市场营养，使我在南半球陌生的地产世界里，依然感受到上海地产的温暖。

我特别感动于他们的这种真诚。

我特别留恋于他们的这种互助。

我特别敬仰于他们的这种情义。

5

"湖友会"的发起人程友进先生移居到了美国。这些年,我们一直保持着联系,互相叙述上海地产一起走过的风雨岁月。

感谢杨健会长,上海"湖友会"这个友谊的长廊,让新老地产人心中依旧有"诗和远方"!

最后的告别

1

有一天,突然接到上海东方金马地产董事长朱永康的电话,约我在虹桥宾馆喝下午茶。

我走进大堂咖啡吧的时候,他点好了咖啡,等待着我,像我们第一次见面时一样。

本以为久未谋面的地产老友,会一起交流行业的事。但见面的第一句话,他告诉我,自己到了肺癌晚期,生命的时间也就剩下最后的几个月。

我知道,任何安慰的话都是苍白的。

他的坦然,让我吃惊。他不想把悲伤、痛苦留在我们这个特殊的会面里。

他想趁身体还能走动时,与曾经的好友们见上一面。这是他在生命最后的时光里唯一想完成的事。

我从未经历过告别的场面。

周围的世界静默得只有他的声音,面对着他,我听他倾诉。

2

朱永康仍在不断地抽着香烟。这是肺癌患者的大忌。他甚至为了与好友们分批见面,放弃了化疗。这位上海地产业的"帅将"面临生命终点的时候,依旧如此追求体面。

这个时候,我才明白,他在每个项目开发时,为什么会如此精美。

90年代,在上海地产圈,东方金马朱永康的名字,是如雷贯耳的。

虹桥开发区刚开始建设的时候,那幢纯白色的弧形建筑太阳广场,无论是造型还是楼名,曾经是上海的唯美的象征性作品,出现在无数的画报上。

我与他第一次见面的时候,他在古北用咖啡和蛋糕的下午茶形式招待我,很西洋的仪式感。那时,他是上海第一个外资地产公司的董事长,我刚担任文汇报社的地产主编不久。

我一直记得他明亮得发光的眼神,还有总是梳得一尘不染的发型。绝对是不折不扣的地产男神。我佩服这个充满理想主义色彩的朱永康,能始终如一地把他的"金马系列"地产作品水准,拉到同一时期人们跟随不上的水准。

他喜欢我带有剑客韵味的地产评论,我惊讶于他的记忆力,可以记住我自己都想不起来的一些文章的细节。

我们的友谊,以非常纯净的方式开始,却以如此揪心的方式结束。

我有些难过,地产业将消失一个将才,我的生活里将失去一个老友。

3

他像是忘记了自己是癌症晚期患者。

这一生,他在生命最辉煌的时候,在北京、在上海,精心开发了一批优秀的金马精品楼盘。每次新盘亮相前,他总会单独陪我参观,朱永康常常会告诉我,许多金马地产的作品里,采用了我的很多产品建议。

我喜欢他的这种地产态度。

眼前,这个曾经燃烧着新地产梦想的企业家,将永远会消失在地产舞台,消失在这个世界。

想起了一句话,人生,原本就是一次旅行。

我们聊起了地产世界里许多共同的朋友和往事。从已经过世的中星集团董事长王鹏,到还在狱中的上海地产前辈秦金龙,从挥手告别国企舞台的上房集团董事长徐林宝,到事业正值辉煌的绿地集团舵手张玉良。

他说,此生有两件最幸运的事,第一是在北京和上海这样伟大的城市里,留下了对得起后人的一批建筑;第二是他可以在生命最后的时间里,做自己计划之中的事。

无愧一生。

4

夕阳映红了这个城市,我们在宾馆的门口,握手。

这真的是最后的握手？是永远的分别？

我感觉到他那种视死如归的坚强，不，确切地说，是走向生命终点的坦然，像是他早有准备的一次远行。

我走了几步，突然回过身，给了他一个拥抱。"兄弟，一路走好！"

我感觉到他被我拥抱出了泪光。他的背影消失在我的视线里。远处，那座白色的太阳广场建筑，是他留给这个城市的记忆，依然优雅地镶嵌在虹桥核心区的风景里。

人走了，建筑还在。这可能是朱永康作为曾经是地产人的骄傲。

我是在三个月后的一个早晨，正在悉尼York St街喝咖啡时，得知他过世的消息，听说走得很平静。

是的，生命的终点谁都带不走什么，所谓的辉煌，是你曾经给这个世界留下过什么……

在文字的情怀里相遇

"首届上海房地产奥斯卡评选活动"邀请我做评委,并在浦江饭店的颁奖典礼上请我做颁奖嘉宾。

这是地产传媒的公益活动,我喜欢在文字里与他们相遇在一起。

/

颁奖典礼上,我向老地产媒体人感谢,向新地产媒体人致敬。

多年前,我从文汇报《房地产世界》起步,到解放日报《地产星空》、新闻晨报《地产星空》、新民晚报《地产星空》,构建了跨越解放报业集团、文新报业集团的上海地产纸媒的最鼎盛的历史。当年我主持的新闻晨报《地产星空》一个周刊,就以32版的容量、年超2亿元广告收入,在上海地产业如日中天。

如今纸媒衰落得令人吃惊,今天上海的几家大报几乎已全线失去了地产传播阵地和广告。

网络和自媒体,开始影响新的房产业。

而就在今晚,上海《地产零距离》现代媒体和《新民周刊》"新地产专刊"传统媒体,联手推出的上海首届地产奥斯卡颁奖,新风吹来,分文不收。

历时6个月的评选工作,自掏腰包搞推广,新媒体人做这种亏本生意,是缺乏商业头脑?

不是。

我特别欣赏新媒体人的这种血性和态度。

2

我在颁奖台前,面对许多许多的新面孔,都是非常年轻的新地产传媒人。

我知道,一个全新的地产时代已经到来。他们,不会机械地欣赏我们过去的辉煌故事,也无法复制那些离去很久的上海地产传媒的往事。

我庆幸他们这么年轻时,比我们当初有更宽阔的理想,互联网时代大背景下,地产传媒不必依赖党报、晚报的发行量去打拼天下,新的地产传媒英雄正在他们中重新诞生,并有可能否定我们过去曾经的经验。

我闻到了这种新鲜的地产气息。

如果时光倒流20年,我可能也会像他们一样,凭着年轻的气血,去追逐梦想。就像《地产零距离》徐赛刚这样的年轻人,以这场颁奖晚会,表达了他们对新地产传播认真、用心、真诚的态度,让我一改世俗的眼光,开始敬畏他们。

跟随我闯荡媒体的许多弟子,都开始脱离纸媒,创办自己的个人公众号、抖音号等自媒体,不少人已经成为上海滩地产新媒体的领军人物。

他们在我曾经感性的地产媒体熏陶下,注入了另一种激情,我知道他们在习惯强势的地产商面前,要抬起头颅的日子会很遥远。再新鲜的文字,改写不了商业合同的版本,在全新的地产媒体世界里前行,更需要勇气。

我因此怀念过去的地产纸媒时代里,那些指点地产江山的经历。

3

我暂不评述上海地产奥斯卡奖,是否上海地产最权威的奖项。但我知道,这次评选过程是免费和透明的,所有捧着奖杯的手,都是干净的。

干净,是一个很伟大的词。

在散发铜臭、弱肉强食的房地产业,时下的媒体人要保持内心的情怀,是件多么不容易的事!这些品行在年青一代中延续,是值得骄傲的地产遗产。

新老媒体人都称我"许老师"。我一直感受到这个产业给我的特殊的尊重。但面对这些年轻得我原本不屑一顾的新媒体群落,我开始被他们感动。

野蛮地产、财富地产,变成文明地产、情怀地产,是一条很长很长的路。这是一个充满变数的时代,日新月异的革新过程里,会大浪淘沙出新的地产媒体英雄,就如上海地产传媒前辈孙华良先生说的,坚持情怀,才能持久立足未来!

4

组委会给我颁发了一个特殊的纪念物：镌刻着我个人名字的礼品。

一份很真挚的心意会打动人心。我不知他们是在向曾经的地产媒体前辈敬礼，还是想表达对新地产媒体未来的信心？

我在媒体和地产的河流里，来来回回折腾了20多年。我喜欢以文字的形式，独立于灯火璀璨的地产世界。我反感地产圈那些金钱至上的野蛮，更反感原本可以纯净的文字却散发着铜臭。即使在上海这座城市里，依旧有许多不伦不类的建筑在诞生，留给后人唾骂。真正的地产媒体人，应该用你的文字、你的锋芒，去颂扬正气，去抨击不公。

这不是理想主义的色彩。这原本是职业的责任。

文章千古事，得失寸心知。

我知道这些年轻的地产媒体人，他们应该比我们的过去，面对更多的困惑、更多的挑战。我特别想回到他们中间，去重新做一个真正的地产记者，至少，我们可以在文字里相遇……

房产,其实是一剂毒药

1

朋友约我喝咖啡,想聊聊房产。

我们在十多年前也有过这样的会面,每次他总向我打听房价涨跌的事。那时,他是外资企业的技术骨干,即使是盛夏季节,仍一身西装,操着英文上班,拿着不菲的工资,是人们眼中的上海滩精英。

我劝他在上海可以买套房,投点房产,他一直在犹豫。

一个读书人,工学海归硕士,他有自己的观点和主张。

他说,政府一直在对房地产调控,而且明确取消了房产支柱产业的定义,未来的房价应该会回落。

他说,我曾听过你的课,关于当下上海房价与收入比远远超过警戒线,你不也认为房价存在泡沫?

他说,眼下是科技兴国的时代,只有技术和文化会改变我们国家,把存款去购房投资,不是方向。

他租住着静安的一套公寓,在等待着有房价回落的一天。那时的他,风华正茂在上海这个"第二故乡"。

2

咖啡,钢琴声在背后响着。

还是十年前的那个四季酒店大堂,我们对坐着。

窗外,一幢幢摩天大楼、一片片豪宅社区,改变了另一个世界。

他变得有些玩世不恭。

他说,这个世界实在不公,就因为十年前没下决心购房,如今存款积蓄的钱连在莘庄安个家都不够,每天夜以继日地工作,工资的收入连房产的涨幅都补不上。

他说,抽屉里那张名牌大学的研究生文凭有啥用?比他学历低、脑子笨的,就是因为房价翻了好几倍,天天歌舞升平、麻将老酒,日子过得红红火火。

再不购房,带着家人居无定所去租房,像是一种"流浪";但如果买房,一碰就是八百万、一千万的房价,马上会变"困难阶层",忙有啥用?

3

世界在变。他也在变。房价可能是最重要的推手。

他说,他真的想离开这个城市,但北上广深的房价都一个样,读了这么多书,技术工作了这些年,到一个小城市,怎么可能发挥自己的特长?

我知道,眼前的他,是一个优秀的海归书生,一个执着地想用技术去改变世界、改变自己生活的精英。原本,他可以把所有的精力投身于他的技术领域,不必去关注他内心"瞧不起的"房地产这个行业。

房价绑架了他。

我第一次感触到:"房地产,原来如此广泛而深刻地影响着许多家庭的幸福感,影响着他们的理想和生活,甚至影响着人们对世界的看法!"

他只是在一个重要的时间,错失了一个重要的机遇。而这个机遇,再也不会出现在他的生活里。

我安慰着他,语言有些苍白。

4

想起了一句话:选择,有时比努力更重要。

物质与精神,文化与财富,理想与生活的冲撞,为什么会在房价的坐标轴上,凸显得如此淋漓尽致?

房地产,像是一剂毒药。

那么多年,无数次的调控,房价却一直在调控中像野马般奔腾。

有人喜欢有人愁。

获利者,开始缺失了艰苦创业的耐心;失利者,开始抱怨付出和收入的不公。

投机与浮躁的时代,总会成为历史。

新的政策反复在强调:房子不是用来炒的。不是所有的新房里都盛满幸福,人生原本就是一个有得有失的过程。

我安慰着他,一个房地产疯狂的时代终将结束,科技优先世界里,是玫瑰,总会开花的!

岁月静好：致地产老友

25年，不是一个简单的阿拉伯数字，是我们共同在这个世界的经历。

应赵兵兄弟之邀，我们十个地产老朋友，在他西郊的露天花园会所里相聚。

1

一生，会经历许多事，许多人。

眼前每个老朋友，都有一个很长很长的故事，留存于我时间的记忆里。

我们在一个弱肉强食的地产世界里，一直相处得很义气和纯净。喝酒、唱歌、调侃或者讨论严肃的地产话题，都会显露着心扉。我们能如此真实地相处在一起，除了性格，还有情趣相投的缘分。

我的弟子俞越写过一部小说叫《三号地产商》，直到拍成电视剧时，我们才知道许多取材就源于我们曾经的地产故事。

那个一去不会复返的年代里，我们每个人的经历里都藏着许多的地产故事，在时光里慢慢变老，只要聚在一起，我们依然没有年龄的老成和约束,所有的情绪会回到那些激情燃烧的岁月。

每次举杯,都像在向过去敬礼。

我喜欢这样的氛围。

时下的世界,变得花花绿绿。上海地产的天空下,我们能一起走过了25年的光阴,是件很不容易的事。

我很幸运,有这样一批朋友一路走来,风霜雨露,亲如兄弟,不弃不离。

2

我们在血气方刚的年龄,开始在经济腾飞的时代、在上海这个城市、在地产这个行业,相识并同行。

有一种美丽的伤感,叫岁月风霜。

如今,我们一起举起酒杯的时候,惦念取代了烈性。不经意间,大家聊起曾经共同的许多朋友,有的离开了这个世界,有的囚禁于牢狱中,有的折磨在病魔中,有的回不了自己的故土;当然,也有的仍在地产舞台的中央前行……这个世界,没有永远的英雄,只有暂时的强者。

岁月,像一面镜子,照着人生。

易居合伙创始人朱旭东,转身走上了文艺中年的道路,除了宝库中国、艺术杂志和他下了不少功夫的个人公众号,他把主要的精力投身到了贫困地区的扶贫。我一直在电视和微信中看到他在山区、田野的影子,我感动于他财富自由后这种心灵回归的快乐。

我与上海地产传媒的前辈孙华良,有着漫长而深刻的交流,从他身上我阅读了"日久见人心"的真谛。他的地产情怀,会从鲜艳的服饰、红酒的醇香、卡拉OK的声音里,散发出来。我特别欣赏他能在轻松气氛里,还随心玩着美国和柬埔寨的房产买卖。

有一个声音,叫好好地活着。

曾经开发"莲浦花园"的地产才俊周逊凯,转眼成为外公,我一直在翻阅他飞行于日本和美国之间的微信,那些融合在亲情中的爱,如同当初他对地产的狂热。我祝福他,生命的时光里,开始闪烁不同的色彩。

越老,幸福的含义越简单。

上海地产十佳人才姜洁,转战了大半个中国,开始停下匆忙的脚步,我特别欣赏他时常携手着年迈的老母亲,行走在唯美的风景里。我从他身上看到,一个孝子,才是真正的男人!

3

上海的老地产人都知道华基广告和赵兵。我至今仍保留着他们当年的许多广告作品。这个备受尊敬的房地产业的乙方公司,源于赵兵的人格魅力和地产态度,我一直为这个兄弟兼朋友的赵兵而骄傲。

因为他的邀约,我们在25年后的今天有了第一张合影。

经历,是一种财富。

从开发"上海蓝宝"到主持"旗忠高尔夫俱乐部",我看着昔日地产小弟张欣的美丽转行。如今,他已是高尔夫领域的大佬,却总是尊称着我为许老师,努力与谦虚是他成功跨界的秘诀。

地产帅才茅一平,从打造上海置业"绿洲"系列品牌起步,一直到南北地产业深耕,如今在更广阔的地产舞台上,奔波于京沪两地,我去过他很多的项目现场,每次都能被他新的作品感动。

还有返老还童的王刚,依然我行我素地走自己的路,做企划、搞贸易、睡懒觉、画油画,随心地挥霍青春的尾巴。

世纪之门概念盘顾勇敏,更是几十年憨厚于世的习性不变,重情重义地与朋友相处。年长后的乐趣,是远在加拿大的女儿。

我看到这些老兄弟们,开始明白另一段人生,开始有滋有味地生活,一半欣慰,一半祝福。

4

青春不再,岁月静好,友情永存。

没有什么比老友相遇如此快乐了。

上海的西郊,午夜零点。

我与他们握手道别,看着大家离散而去的背影消失在夜幕之中,有一丝的伤感:人生就是一场聚散的盛宴,有牵有挂、有喜有悲,过去所有的经历,开始变成故事。

我们以地产人的身份,在这个城市留下了不同的建筑作品。与其留恋曾经辉煌的过去,还不如感恩相沐于世的陪伴。

友情是一面不会褪色的镜子。

不论我们的角色发生何种变化,忙,或者闲,远,或者近,我们,是地产战壕里曾经的战友。

友情是一面不会褪色的镜子。

03 卷三
致人生

从乡村田野到大学校园，从新闻传媒到地产运营，从中国创业到海外工作……经历，是一种弥足珍贵的财富。
我在文字里行走，迷醉在这色彩斑斓的世界，幸福，开始变得真实。

大学毕业 30 年

大学毕业30年。我和我的同学们,从世界各地回到了熟悉的母校。

岁月如梭,青春不再。

1

20岁的年龄,真的就像在昨天。

那个年代,纯净的校园生活成为一生最美好的记忆。

那个年代,戴校徽、穿校服,有受人尊敬的骄傲;想家的时候,写诗、写日记、写信,是非常特别的幸福。早晨里,有《英语三百句》,也有北岛的诗;夜晚,听着台湾校园歌曲,议论着如梦的远方。

没有爱情的青春里,五分钱的校园电影票,是周末奢侈的时光。那时,一台黑白电视,会吸引上百号同学聚在一起。为李宁喝彩,为女排骄傲。中国足球队输了,会在半夜的校园游行发泄。

那时候,多么享受青春、热爱祖国、充满理想。

青春很穷,但精神很富有。

青春很纯,但快乐很简单。

如今,所有对于校园生活的回忆,像是种神圣的奠礼。

2

原本非常亲切的中国纺织大学校名,被改得面目全非。东华大学新校址迁移到松江后,我应大学母校的书记、校长邀请参加学校理事会时,第一次走进新校区,这如诗似画的一切有些陌生,却勾起了我对过去的回忆。

我特意驱车回到30年前的那个老校区,在曾经生活过的学生宿舍楼前,伫立了很久。这里的四年,承载了我大学生活所有的记忆。

30年,弹指一挥,与我们挥手而过的,那是青春的一段旅程。

那岁月,如光。

那个时候,我们本以为知识可以改变一切,后来发现,这个世界被金钱的光芒照耀。

那岁月,似水。

我们离开大学校门的时候,像一叶小舟漂进了大海。潮起潮落地寻找理想的彼岸,后来发现老师教的,没用上,课堂上没学的,我们都要学。

要恋爱、购房、成家、育子。

要挣钱、抢位、创业。

就这样忙碌着,转眼就是30年,孩子大了,我们老了。

那岁月,如云。

我们的人生一直在前行的旅途上颠簸,全新的一切更迭着过去的认知。

回过头发现,我们的英语比不上小学的孩子,我们的电脑玩不过普通的中学生。同学聚会的合影照,装满了白发和皱纹,

我们开始学会服老。

3

我们想改变社会,其实,慢慢被社会改变着自己。

不是所有青春的理想都能变成现实,不是所有的付出都有丰厚的回报。

富有了,有时会有新的迷茫。

强大了,有时会有新的困惑。

空闲的时候,翻阅黑白的校园照片,那些曾经彩色的青春,珍藏着20世纪80年代那个激情澎湃的岁月。我幸运在天翻地覆的年代里,经历的一切。

刘春红副校长希望我代表校友会,给今天的学生说点什么,我看着那些如我们当初年龄的下一代,行走在这熟悉的校园里,想起了高尔基的一句名言:"把语言化为行动,比把行动化为语言困难得多。"

快乐,其实很简单

对于那些内心充溢快乐的人们而言,所有的过程都是美妙的。

——罗莎琳·德卡斯奥

1

无论你强或弱,有一天,你都将离去。

你现在为之骄傲或者为之痛苦的一切,都将成为故事。

即使可以将这些镌刻于你的墓碑,也不会有人世代来传诵。

真实地活在这个世界里,善意地对待周边的一切。快乐,就如天空的云,飘过了,还会回来。

人生不在于生命的长与短,而在于顿悟的早与晚。快乐,不是用来更正别人的对与错,而是自己内心有一把是与非的秤。

2

快乐,可以变得很简单。

有时只需一杯清茶、一句问候。

珍惜在一起的人,或者家人,或者同事,或者朋友,甚至是你的敌人。

再好的缘分也经不起敷衍,再深的感情也需要珍惜。

尸体上不带口袋。

来到这个世界,拥拥挤挤走一次,最终你永远带不走什么。

有利时,不要不让人。

有理时,不要不饶人。

有能时,不要嘲笑人。

精明,即使得势但不会长久。

刻薄,即使获取但问心有愧。

自私,即使成功但被人指责。

永远要记住两句话:"没有谁天生应该在你困难时帮你,不是你所有的付出每次都会得到回报。"

3

人生原本是一次特殊的旅行,所有的经历是一种财富。

顺境或是逆境,都是故事。问心无愧,吃得下、睡得着,想做什么就去做什么,快乐,其实很简单。

年轻的时候,觉得世界好大好远,年长了发现世界越来越小。

世间的理争不完,争赢了失人心。

世上的利赚不尽,水可载舟亦可覆舟。

心幸福,日子才轻松。

人自在,一生才值得!

伟大和平庸,都是说辞。

人类原本是动物的一个品种,千万不要被财富的链条锁死一生。时间,才是一个最好的老师,会慢慢告诉你,快乐越简单越真实。

心宽,眼前的世界才会很大。

难忘的三轮车夫

怀抱着大学录取通知书,我走下公兴路长途汽车时,找不到新生接待的人。

第一次出远门,偌大的上海,我不知道东南西北。

1

我随身唯一的行李,是母亲出嫁时的那个木板箱。她非要把这箱子让我带上,抑或想表达对我这个长子的特别宠爱。因为长途颠簸,已经散架了,衣服、鞋子等已散落在外。

我一个人不知如何是好。老家的时候,乡里乡亲都是熟人,在这个陌生的街头,连根捆绑的绳子都找不到。

一个细心的车夫发现了我的无奈。"孩子,怎么一个人?来上海找亲戚?"

他从车上拿了根绳子,一起帮我把破损的木箱捆了起来。"这绳子就送你了。"他刚转身,发现了木箱上贴着的一张行李纸"华东纺织工学院"。

"你是大学生?"车夫打量着我。那个眼神里有温暖、尊重、惊讶混杂在一起的东西。他热情地指了指三轮车后的小凳,叫我上车,他送我去学校。

我在上海最初的温暖,来自这个陌生的车夫。

2

8月底的上海还有些炎热。

我记得从公兴路车站到延安西路校区,有一个小时左右的车程。

车夫很健谈。我坐在三轮车露天后厢的小凳上,听他一路介绍着上海,聊着自己。我知道了他是苏北人,生活在普陀的棚户区,上过小学,母亲是个纺织工。他说,我是他见过的第一个大学生,能进这样的重点大学,将来都是国家的栋梁。

他一面踩着车,一面擦着汗。穿越在非常熟悉的街头小巷。我第一次看到自动红绿灯,第一次看到驶过火车的道口,第一次看到高楼林立的街区。

延安西路1882号,华东纺织工学院的大门张灯结彩。

我们的三轮车在校门口停下。

车夫说:"我不能送你进去了。我这个老土的形象不合适被老师和同学看到。"

我要付他车费,他不肯收。他说,第一次有个大学生坐我三轮车,已沾了点喜气。

从大门到新生报到处,应该还有四五百米的距离。我一个人扛着的木箱,没走几步又散架了。在亲人相拥的新生报到人群里,我有点狼狈和尴尬。

正想回头召唤车夫,没想到他已赶了过来。与我两个人扛着木箱,到了新生报到处。核对信息、登记、分配房间、到宿舍楼。

车夫一直陪着我。

生命里,常常有很多不以为然的细节,经历过,会嵌入你的记忆深处。在新生报到的这一天,这个不知名字的车夫,像是我的亲人。

3

我表达不了内心那种非常特别的谢意。入住宿舍后,我陪着他一起,送他去校门口。

校园的高音喇叭里不断地播着"你们是4%的骄傲、祖国的未来"之类的欢迎词。

他看着中心花园的亭子、红色的学生公寓、行走在校园里的那些来自全国各地的新生,他第一次走在大学的校园里,变得拘谨起来。

我在校门口的小卖部买了两根冰棍。车夫和我对坐在三轮车上,一面是热闹的繁华的街区,一面是热闹的校园。

这个时候,我们不太像两个陌生人的告别,有点像是熟悉的亲人在聊天。

他羡慕我在这个年龄走进了高等学府,可以走在蓬勃发展的时代前列,而他还得踩着三轮车去街头寻找生机。他说我们这次偶然的相遇,刺激了他,他想趁年轻的时候去学一门手艺,做一个更有用于社会的人。

我感谢他在我离家远行的第一天,在一个陌生的城市,给了我温暖和帮助,让我面对辽阔的世界,有一个良好的心灵起点!

我永远记得,他踩着三轮车消失在街头的那个镜头;我也一直没有忘记,我转身回归校园时的那个心情。

世界隔着一道围墙,但人心是相通的。

那一枚红校徽

大学毕业分配时,我是突然接到校方的通知留校的。

人的命运,有时是在一瞬间被改写的。

1

在我22岁这样年轻的时光,能戴上中国纺织大学这枚代表重点大学教师的红校徽,在20世纪80年代的中国,是一种至高的荣耀。

记得上班的第一天,有个学生家长来办公室,说找"许老师"。我数了一下办公室的老师里,没有姓许的。直到我问他全名,才知这个家长找的是我。

从学生到老师的角色转换,我还没有足够的心理准备。

当初报考这个全国唯一的纺织重点大学,是受农村"衣食住行"中衣为天下先、饥荒饿不死手艺人的传统习俗影响。我一直想毕业后,在中国改革开放的浪潮里,去经济的最前沿发挥作用。毕业分配时,我填了不少志愿,最后被一纸通知留校,而且,是直接管毕业班。

2

那是一个师生人人都习惯戴校徽的年代。白色代表本科生、黄色代表研究生、红色代表老师。那个年代整个中国到处弥漫着知识改变命运的气息。

大学四年的学习,让我这个农村的孩子,对一无所知的世界打开了一扇窗。在我眼里,老师是知识渊博的代名词,系主任在我毕业留校时,非常郑重地找我谈心。我印象最深的一句话是:"戴上了这枚红校徽,记得自己是一名大学教师。"

这是分量很重的嘱托。我知道在刚刚恢复高考的高校,急需把优秀的大学生补充进年轻的师资队伍,改变中国贫穷的局面,大学是知识赋能的前沿阵地。

戴上这枚红校徽,兴奋与不安交织着。兴奋的是作为许家第一个大学老师,我对得起生我养我的父母;不安的是要成为合格的老师,我需要补充的文化太多太多。

3

我带两个班近80个大四学生,他们中不少人比我还年长一些,再过一年,他们也将面临全国统一的毕业分配。

我负责着他们所有人毕业分配的"生杀大权"。

第一次戴着"中国纺织大学"的红校徽走进阶梯教室的讲台,给他们上的第一堂课是"我们与今天的中国"。我叙述了在过去在农村的生活,贫穷背后的愚昧,说起了千年难遇的改革开放,我们这一代将要去改变一个全新的世界。

与其说是授课,还不如说是自勉。

我想起了高中班主任的话:"老师是一棵树,一直守候在这里;你们是树上的鸟,会飞向远方。"

三尺讲台,是一个巨大的舞台,代表着知识殿堂的神圣。在中国步入改革开放的时代里,每一个戴着红校徽站在大学讲台上的老师,都肩负着培养国家栋梁之材的重任。

李商隐有句诗:"春蚕到死丝方尽,蜡炬成灰泪始干。"

感谢人生有这段老师的特别经历,这么多年,我一直把这枚红校徽珍藏着。在我遇到困难的时候,它会安慰我;在我内心动摇的时候,它会鼓励我……

那片池塘边的草地

拜伦说过:"我不是不爱人类,而是更爱大自然。"

生命里,大自然会以它特有的方式,滋养我们的心灵。甚至一片草地,可以很深地与你的生活相连。

1

我在墨尔本寓所对面的露天公园,有一片池塘边的草地,有不加修饰的原始的美丽与宁静。

那是被森林围绕的一片草地,一半临着池塘,一半依着树林。

我去过墨尔本很多著名的景点,但从来没有像这片草地如此亲切。每次躺在草地上,晒着阳光看浮云飘过,会安抚你的心。

在繁杂的城市里,这样一片草地,如诗一般的美丽。

依偎着草地的那个池塘,野鸭、海鸥、天鹅、飞鸽,它们自由飞翔的翅膀、游弋池水的印记,像是在演绎生命的乐趣。

我常常被这片草地生命的张力而感动。

2

听着清晨的鸟声、看着白云的飘逸、望着池塘的天鹅,突然有拥有整个世界的自由心境。

想起了童年,想起了家乡的池塘,还有鸡鸭成群的草地。这些原本熟悉的场景,在生命里远去而变得陌生。

眼前的这片草地,变得特别亲切。像是记忆的赠品,让我在城市建筑的夹缝里,重新沐浴孩提时乡村的乐趣。

我行走在这片草地,像在油画一般的心境里。脱掉虚伪的外衣,晒满草地的阳光,温暖着自己的心。

草地本色的纯美,是至真的魅力。草尖上晶亮的露水,常常被太阳反射出透明的光亮,像是无声的问候。让你即使是一个人的时候,也不显得孤独。

3

我特别喜欢这种幽静。

这是在其他场景很难体会的一种满足、充实和平静。

心境的自由,想什么或者不想什么,尤其是在早晨的时光里,这样的宁静,会给自己有许多的安慰。

忘记自己在地球上的经纬度。这片草地,不分肤色人种,不分富贵贫贱,以它春夏秋冬的韵律歌唱生命。

就在这几天,草地的一角,突然生长出许多的野花,我不知这些花的名字。这些花不规则地散落着,白的、粉的、红的,自由而美丽。让我对这片草地,多了许多牵挂和留恋。

我随心地拍摄下了这个镜头。想把这些真实的早晨,挂在我的客厅。

对这片草地的感情,是另一种美丽。

我带不走这片草地,却多了份牵挂。

新年的钟声

新年的钟声,把旧的清零,把新的根植。每个新年,都是人生的驿站。

1

新年的钟声,是向过去的告别。

过去的一切,无论对与错,是你走过的路。它已经是你生活的一部分,人生没有后悔药,只有清醒剂。

无论是工作还是生活,与你相遇,既是机遇,也是缘分。

不要把问题推给伙伴,信任、能力、性格,其实一直在考核你,在这个变幻莫测的世界,失败者的教训,是成功的前奏。

不要把功劳归给自己。这个充满合作的世界,一个人的力量是微薄的。幸运,有时会掩盖自己许多的弱点。在一个浮躁的时代,唯有理性才能认清自己。

不要把努力等同于成功。你的付出不一定会有收获。勤奋和努力,这只是基础。生活不是赌场,不是凭借勇气和幸运,去赢得世界。

过去,是本教科书。人生,就是在不断的阅读中成长,而不是在寻找理由原谅自己。

2

新年的钟声是向明天的迎接。

新年的钟声里有感恩。生命中出现的每个人,朋友或者伙伴,都曾经给予你机会、友情、力量、信任,这一切,都是人生巨大的财富,曾经滋养着你。

新年的钟声里有放弃。欲念是一头猛兽,会吞没你的灵魂。善良的另一面是学会放弃。人生原本有许多的驿站,在不断的调整中寻找自己的位置。放弃,是另一种得到。

新年的钟声里有自爱。自满是一枚毒药,会模糊你的双眼。人生有限,世间宏大,读懂自己的短处,学会自爱,是一生的课题。

3

在新年的钟声里,学会担当。

这不是挂在口头的包装语,是日积月累地前行于世的行动。获取和付出的天平,考量的是人心。

担当,是用勤奋去表达。

担当,是用时间去证明。

在新年的钟声里,学会真实。

有时迷乱而倒下的,不是你的能力,是态度,是浮躁。梦里的色彩,替代不了现实的残酷,在一个弱肉强食的世界里,真实,显得弥足珍贵。

真实,是勇于直面困难。

真实,是学会始于足下。

新年的钟声里,学会珍惜。

生命的历程中有许多缘分,身边的每一个人、每一次机遇,都值得珍惜。珍惜在你快乐时与你分享的,珍惜在你困难时与你共进的,珍惜在你前行时与你陪伴的。

珍惜,是对生命的礼赞。

珍惜,是对缘分的敬意。

久别的阳光

这是一个特别的周日。

是我在澳洲完成14天自行隔离后,第一次走进悉尼乔治大街的人群里,享受无拘无束的自由生活!

久别了14天的阳光,终于晒在了身上。有一种世界重归美好的温暖。

1

York St的那家JET露天咖啡馆,是我在悉尼早晨的记忆。

出门的第一件事,就是来到这个浓缩悉尼历史的QVB建筑屋檐下,捧一杯咖啡,在市政厅古老的钟声下,享受这个早晨。

喜欢在早晨的阳光里,捧着一杯浓郁的咖啡,迎接新鲜的一天。

喜欢一个人静静地,行走在文字的世界里,向昨天所有的快乐和烦恼告别。

今天,这条古老的York St街区,带不起我兴奋的情绪,我在被隔离的日子里,每天望着北方遥远的天空,想念父老乡亲们依然生活在疫情蔓延的困境里。如果不是澳洲工作的原因,我宁愿与他们守护在一起,共同战斗在艰难的抗疫前线。

2

从2号早晨飞机降落悉尼起,我开始了14天规定的自行隔离期。

当你的自由长期被压缩在一个固定的空间里,内心是不会愉悦的。生活突然慢下来、静下来的时候,开始怀念早出夜归匆匆忙忙的乐趣,怀念举杯聚会聊天交流的场景。

自由,突然变成一个特别美好的期待,覆盖所有的欲望。

走在悉尼乔治大街的人群里,看着这里阳光灿烂的场景,我的心情是复杂的。

悉尼、墨尔本两大城市今天的确诊病例已清零,但我们的祖国,依旧每天在不断增加感染病例。

我不忍心在悉尼的阳光下,阅读关于武汉太多太多辛酸的故事。相对中国那么多家庭禁闭于家中,我短短14天的隔离,实在是弹指一挥间的小事。

多么希望在不远的一天,我们的国土早些告别病毒,我们的亲人们,也能回归自由生活的快乐!

3

2020年的这段记忆是苍凉的。

总希望岁月静好,但谁都不知道明天会发生什么。

这场突然而来的疫情,开始改变我们对幸福的理解。

人生原本是一场旅行,总在不断地失去,又不断地获取。磨难,其实是一个中性词,只是在以另外一种形式,反证幸福的真正含义。

新冠疫情这场灾难,像一场无形的大火,烧掉了许多人心中那片欲念的森林,开始显露人生的本真。人生有阳光,也会有阴雨。我反感西方一些媒体对中国疫情报道微妙的用词。国家与国家之间,也是如此,就如中国的一句名言:"不看辉煌时谁敬的美酒,要看落魄时剩下的朋友。"

五千年的古国,经历过太多的磨难,依然矗立在世界之林。只是,这个以疫情为底色的暂停键,国人们付出了过于惨痛的代价。

4

久违的悉尼阳光,在我心里并不那么美丽。

风和日丽的澳洲,山河无恙,人间皆安,但这里不是我的故土。

我看到许许多多的华人组织,正在掀起史无前例的"爱国抗疫"活动。我们在遥远的南半球,在尽自己最大的努力,为自己的祖国募款捐物。好友杨东东等爱国华侨每天在发送中文微信。口罩、防护服等正源源不断地发向武汉一线,发向中国抗疫前线。

想起了大学时代一首歌的歌词:"不要问我从哪里来,我的故乡在远方。"

艰难的回家之路

从南半球澳洲起飞,近一万公里到达北半球的上海,飞行了9.5个小时。

从浦东机场到家里,经历了25个小时,这应该是我第一次经历最漫长的回家之路。

1

我不想把这个经历重复一遍。不断地搬运自己的行李、等待的25小时,就如太多朋友在微信里安慰的那句话:"回家了,安全就好!"

是的,能回到中国,安全回家,那是一种幸运。

车上接待我们的那个小伙子是一个志愿者,因为穿着防护服,我直到分别仍不知他的姓名甚至容貌,但他再次让我为上海的年轻人骄傲。

他已经第三天没有好好睡觉,就是说已经72小时在接待中奔波,他本可以像其他上海的孩子们,上网聊天、看新闻发牢骚。要知道,他是在目前上海最危险的一线当志愿者,如果稍不留神,他可能就是被感染者。

大巴在核酸检测中心停下的时候,我们车上的世界各地的客人,已经折腾了10多个小时,只能一人上厕,逐个换,这自然引发大家的不满。不少人反感甚至抗议,怨气自然发到了这个小伙身上。

他总是隐忍耐心地说:"对不起,我是志愿者,我只有权接受规定的流程,只能请大家理解。"

那一刻,我有些辛酸。

如果流程被一线的志愿者随意修改,每天面对蜂拥而归的人群,有了人情,没有了安全,我们为何从万里以外的异国他乡回来?

2

我有些抱怨回家之路上如此复杂的环节,但在这个疫情复杂的特殊时刻,上海,还有上海志愿者,已付出了最大的努力。

如果说,几个月前出现在武汉的医疗志愿者是被广泛歌颂的人群,那么,今天出现在上海机场的志愿者,他们经受的抱怨会比歌颂多。

在静安区指定隔离的上海宾馆,我们核酸检测后,被安排进房间等待。

我看了一下手表,早上5点开始检测,17:45送到宾馆休息,从我们下飞机算起已经过了12个多小时。一个晚上未眠,又没进食,所有的人都很饥饿。终于可以点外卖了,我等了一小时零五分,才拿到餐。

为什么不多配些人手?几乎所有人一样这么想。

后来我知道,负责从楼下专门传递外卖的志愿者,已经7个小时不停地上下奔波,她已经7小时没有进食。

是的,我们忘了她另一个角色。志愿者不是服务员。

为了世界各地的华人回国,所有的车辆是免费的,检测是免费的,我们的临时客房是免费的,我们没有掏一分钱,为什么要用主人的角色,去向志愿者挑刺说教?

3

第一次在上海由警车的护送下,把我们所有的海归人员,逐一送到家门口。

你可以理解为了防疫安全押送。

你也可以理解以国宾的规格迎接你从世界各地回家。

我今天看到了东方网的一则新闻:自3月23日零时开始,所有赴京国际客运航班均从天津、石家庄、上海等12个指定的第一入境点入境。

上海,这么大的国际都市,在原本已非常沉重的海归接待任务下,开始担起更重的任务。

我已安全在家中隔离,而他们,上海的志愿者,可能会承受更多的怨言、投诉甚至责骂。

文明,是从理解起步的。

谢谢这25小时回家之路的折腾,让我阅读了人性、关爱和理解。

用简单的感恩去表扬这些志愿者,显得有些苍白。当漂洋过海,千辛万苦回到家乡,才能体验什么叫伟大的祖国!

平淡,是种境界

我们这一代,在一个最好的年龄遇上了一个最好的时代。

年轻时的欲望和野心,在肥沃的经济土壤里,许多人都结成了硕果。

因此,有一天开始,我们在不知不觉中遗忘了平平淡淡就是真的道理。

1

李嘉诚戴的表,是西铁城表,市价才1000港元,他已戴了十几年。

扎克伯格比李嘉诚还有钱,他永远都穿着最普通的T恤和牛仔裤。平时上班,开的是1.6万美元的本田。

台塑集团王永庆一条毛巾用了27年。

娃哈哈宗庆后一年消费不超过5万元。

人活到极致,就是如此。

一定是素与简。

一个人越是炫耀什么,内心就越缺少什么。

内心真正富足的人，从不炫耀拥有的一切。他不会告诉别人读过什么书，开过什么车，去过什么地方，有多少件衣裳，买过什么珠宝，因为他没有自卑感。

内心越是丰盈，生活越是素简。

2

世间不会永远一帆风顺。

温室里的花朵，经不起风吹雨打。

当世界开始复杂多变，我们不得不重新思考。再次沉下心去面对未来时，不会变得无所适从。

浮躁，是一剂毒药，会消耗耐心；保持一颗平常的心，不再是件容易的事。

我看到许许多多曾轰轰烈烈的朋友，在美丽的掌声里倒下，曾经的过去变为泛黄的记忆，变成难以复原的故事。

不付出沉重的代价，难以明白平淡地生活，原本是一种境界。

我开始怀念20世纪80年代。

心境和世界像春天一样，每天充满着希望。写信、作诗、写日记……忙得有方向，穷得有活力，会知道明天的世界更灿烂。

所有的人会唱着《在希望的田野上》上班下班。那些日子，平平淡淡的幸福很简单、很真实。

在那个年代，我在纯净的大学校园里当老师，与学生们聊祖国的未来，用知识武装自己，讨论怎样才能做一个有用的人。很多年后，当我再次翻阅当年的讲义，感叹只有历尽繁华，方知平凡是真。如今回首沧桑，只想平淡如水。

3

1845年,美国学者梭罗,只带了一把斧头,到瓦尔登湖边建了一间小木屋,独居了2年零2个月,以验证自己所悟出的人生真谛:

他写出了著名的《瓦尔登湖》,有这样一段文字——

"我们每一天努力忙碌、用力生活,却总在不知不觉间遗失了什么。面对不断膨胀的物欲,我们需要的是一颗能静下来的心。多余的财富只能够购买多余的东西,人的灵魂必需的东西,是不需要花钱购买的。"

多,即是少。

少,即是多。

一个人,放下得越多,内心越富有。

4

富有的时代,改变了我们的生活,也让我们的内心开始浮躁。

这个潜变的过程里,我们丢失了不少原本很美好的东西。平淡与真实,变得弥足珍贵。

生活原本平淡如水,放一点盐它就会咸,放一点糖它就会甜,放一点咖啡它就会苦,放一点茶它就会香。

希望与欲望只有一字之差,但如果混杂在一起,有些人便开始铤而走险,有些人变得重利轻义。信仰,变成可有可无的说辞;人被财富的铁链,锁死了一生。

慢慢才懂得,人生最美是淡然。拥有一份平淡就拥有了一份美丽,独守一份平淡就拥有一份幸福。

淡然是一种心境,是一种千帆过后的隽永。

5

在墨尔本圣柯达路的咖啡馆,我与多年前的好友梁振民相遇,这位曾经名噪一时的上海地产企业家,如今喜欢上了摄影,他用相机记录着田野牧歌的生活。

我看着那些原野、河流、山脉的照片,颇为感触。告别,是另一种迎接。

生命中会有很多遗憾,笑对红尘过往。

平平淡淡,顺其自然,方能享受恬静与优雅。

我们曾如此渴望命运的波澜,到最后才发现:人生最曼妙的风景,竟是内心的淡定与从容。

人间最有味的,就是这清淡的欢愉。

生活简单就迷人,人心简单就幸福。

心宽了,世界会很大。

岁月如刀

挂在办公室的这张照片,摄于2000年。在我刚下海创办的荒岛工作室拍的。

照片上的这群人,是我在传媒生涯里结交的好友。

1

那是上海法华门大厦一个并不显眼的办公室。我的身份刚从一个地产主编,变成一个工作室主任。

职业的跨越,自然会有许多不适应性,那个原本并不引人关注的门扉,一直进出许多产业同行、领导。他们给我下海创业,注入了很多支持和鼓励。

生命中的许多遇见,都是一种注定。有些人是来扶助的,有些人是来鞭策的,有些人是来陪伴的。不管你多么优秀,总有人会不屑一顾;不管你多么平庸,总有人视你为朋友。

那是个充满热情、互爱、成长的最好年龄,影响了我以后的人生。做一个与时间赛跑的人,一路是新的风景。

麦金西说过:"时间是世界上一切成就的土壤。时间给空想者痛苦,给创造者幸福。"

2

人生,是个戏台。

这张老照片中央,有当时上海房地局的老局长桑荣林、时任副局长张重光,还有不少像上海房地集团董事长徐林宝这些风云上海滩的地产企业家。

他们的出现,给我注入了许多的创业动力,让我下海创业的路上,多了许多的陪伴。

我那时的工作室才八个人,一桌还凑不齐的小型队伍,对于上海的地产之海,只是一朵浪花而已。

我和我许多的弟子,正是在这片创业的小天地里一同成长起来的。幸运的是,上海地产的朋友们,让大家明白广阔的世界里有很美好的未来。

如今,追随我的弟子们,都已人到中年,不少已事业有成。但在新千年的钟声里,我们曾经的共同梦想,珍藏的誓言和信念,被这张泛黄的照片见证。

有些平凡不可丢而弃之。淡可久远,静可永恒。

3

岁月如刀,雕刻一切。

当初拍下的那个瞬间,定格了许多的故事。

时间,冲刷着这个世界。你永远不知明天会发生什么。只有回过头来重新阅读的时候,你才明白:生活,真的是个剧本,每个人都扮演不同的角色。

东方金马董事长朱永康,已英年早逝;旭阳文化小型企业的周忻,成为如日中天的易居中国资本大鳄掌舵人;沙田房产董事长梁振民已挥手告别上海地产,移居澳洲安度晚年;上海最早的元老级地产企业家秦金龙仍在铁窗生涯之中。

漫漫人生,总有沧桑。

照片里,如今青春不再,年华向晚,但清静之中见真境,淡泊之中识本然。

人生就是一个饱经沧桑、历经磨砺的过程。

20年,弹指一挥间。往事如烟,越来越明白,岁月如刀在雕刻一切。

有一颗纯净的心,会健康一辈子。

有一颗包容的心,会幸福一辈子。

有一颗善良的心,会无悔一辈子。

有一颗同情的心,会平安一辈子。

遇见美好

世界上只有一种英雄主义，那就是了解生命而且热爱生命的人。

——罗曼·罗兰

1

生命里会有很多的相遇。

最初与简劲宏相遇，是1995年，在新华路的那幢老别墅。那时，他刚刚从深圳来到上海，在上海北郊开发"天极盛宅"的微利房。

我被他非常特别的经历吸引，一个西北汉子，数学系的学生，飞海南、去深圳、到上海。心里装着一个宽广的理想独闯世界，在当初有些排外的上海地产业界，这样的"外来和尚"不多。

非常相似的经历，我们成为好友。

我一路见证着他，在沪上率先启动公积金按揭贷款业务，天极盛宅获"上海微利房八强""十佳营销案例"。之后的几年，那些名噪一时的项目源源不断地出现在简劲宏的手中，虹桥乐庭、北外滩花园、家化滨江苑、国际汽车城、安亭新镇……一路上，简劲宏也从上海郊外的"边角料"起步,登陆到上海家化置业有限公司董事长、上海国际汽车城置业有限公司董事长、安亭新镇置业董事长的地产新平台。

2

原本如日中天的事业前,简劲宏却消失在了地产业的视线里。

九年后的一天,我在上海西华国际学校的校园里遇见了他。那是他下注2亿多资金筹码,以十年心血打造的一个教育之梦。

每次相遇,我总能看到简劲宏的美丽转身。

那些布满童年记忆的走廊,情趣无限的食堂,碧蓝透彻的泳池,充满灵性的课堂……行走在这个全新的校园里,他如数家珍地阐述着英式教育的模型,美式教育的利弊,俨然是一个国际教育的专家。

人生会有很多的选择。每次选择都会有美好的遇见。他总是在一闪而过的念头后,变成如此不可动摇的行动。

我欣赏他从不随风飘流的男人性格。

在与他的每次相遇里,我总能汲取到那种热爱人生的营养。

3

简劲宏在上海的西郊,开了一家非常纯真的西班牙餐厅。他约我一聚。

我了解这个表面上性格刚毅的西北汉子,内心世界里其实盛满着许多彩色的梦想。他总是以惊奇解读人生,就像这家宏大而浪漫的西班牙餐厅。

他说着西班牙灿烂辉煌的文化艺术；说着西班牙建筑、绘画、文学的地位；说着毕加索、达利、胡安·米罗这些影响世界文化的西班牙艺术家；他带我看餐厅内绘制的《亚威农少女》《卡思维勒像》《瓶子、玻璃杯和小提琴》作品。眼前的一切，从每幅油画，到每张桌椅，甚至一个饰品，都渗透了他两年的心血。

我惊叹于这位昔日的地产老友，如此熟知西班牙的文化，还有西班牙美食。

香气扑鼻的海鲜饭，令人垂涎欲滴的Tapas，唇齿生香的伊比里亚火腿……简劲宏用鱼类、肉类、水果、蔬菜、奶酪，配上葡萄酒和烈酒，精心烹饪的地中海美味佳肴招待着我，我知道不仅仅是一道美食，而是在相遇里体验另一种生活。

餐厅里，播放着西班牙名曲《鸽子》——

  迷路的鸽子啊
  我在双手合十的晚上
  渴望一双翅膀
  飞去南方　南方
  尽管再也看不到
  无名山的高
  遥远的鸽子啊
  匆匆忙忙地飞翔
  只是为了回家

我们在音乐里举起酒杯，感谢这些年一路走来，共同遇见人生、遇见美好！

我和墨尔本的中国青年

我在墨尔本有不少年轻的朋友,他们大多是我中国老朋友的孩子。

在这个陌生的国度,我从他们的身上阅读着新的世界、新的人生。

1

他们从北半球的中国,来到澳大利亚。将来,他们中的大多数会在这个城市生活下去。

我非常羡慕他们。

在这样美好的年龄,他们可以选择自己的人生。抛开父母的呵护,行走在异域的天地。

我有过他们这样的青春,但没有他们这样的经历。他们心中装着一个很远的梦想,在远离故乡的土地上追逐,勇敢地面对着一个全新的世界。

人生,本来就是一种选择。

这应该无关贫富、地位。虽然我知道,眼前这些孩子的父母在中国都有一方天地,但他们不想在父母们创立的城堡里,成为摆设品。

我欣赏他们这种在独立的人格下,对待青春的态度。

2

我与他们的父亲,是在大浪淘沙的过程中,建立了很深的友谊。

贫困、努力、拼搏……我看到这些年轻的后代,习惯会想起我们的过去。而他们生长在另一个富有的年代,从小体会的是精英阶层的生活。

年代和年龄的截然不同,使我们对世界、对生活有完全不同的认识。有一刻,我想把我们这一代人的过去,代替他们的父亲,告诉他们。最终我还是放弃了这个念头。

因为在这个全新的时代,以说教来改变他们对世界和人生的看法,是徒劳的。

他们有权利去喜欢阳光自然的生活;

他们不愿在复杂的人际关系里,丢弃自我;

他们反感忆苦思甜的教科书,喜欢快乐而健康地去工作、生活、休息、度假;

如果我出生在他们这个年代,我或许也会像他们一样,选择自己心灵向往的生活。

3

他们如今都是墨尔本新一代的地产人。我一半是他们的长辈，一半是他们的同行。

我们在不断的交流中有了许多共同的语言。

他们中有中资地产的高管，有规划设计的专才，有地产开发管理的经理，有中介企业的新秀，有开发投资的老板。他们延承了父辈的血统，在他们事业前行的路程中，一切都阳光灿烂，充满自我。

我知道，他们不会一帆风顺地成长。墨尔本的地产之路上，他们或许不会那么幸运地从配角成为主角，但年轻，是他们最大的资本。

我因此希望他们成为我生命中新的朋友，成为可以手挽手一起前行的同行。

华灯初上的墨尔本，唐人街的路面像一面镜子，对于这些远离故土的年轻孩子，前方的中国红灯笼是故乡的问候。

拿破仑说过："真正的才智，是刚毅的志向。"

在这个陌生的国度和城市，我相信，许多年后，他们今天的励志创业，将会是新的故事。

文字里的清高

很多年前,我们三人天各一方。

全忠,曾是《万科周刊》的第四任主编,王石身后的"红人"。

刘凯,曾是《中国房地产报》执行主编,眼睛盯着整个中国地产的记者。

我在上海任《文汇报》房地产专刊主编。

我们三人,一个南置深圳,一个北在京城,一个深耕魔都。

我们算是三个地产"文人"。

1

中国地产,不是文人存活的好地方,而是金钱、资源角逐的战场。

在房地产高歌猛进的几十年里,文人们总是抬着头颅保持着某种清高。那个年代,我们三个好友天各一方,互相关注和欣赏着对方,在文字的地产世界里沉积着友谊。

这种友谊,是由文字的清高连接的。

我们目睹着地产圈里,许多人的钱袋子鼓起来,里面装着的并非智慧和能力,更多的是胆量与关系。我阅读着全忠在南方非常锋利的地产点评,体验着刘凯在北国的产业解析,针针见血的文字里,绝不妥协。看到了文人心中的底线,坚守着文字的最后一道防线,在一亩三分地的"爬格子世界"里,有我们精神的愉悦。

我们成为好友的缘由,是在这个被财富大浪淘沙的过程里,共同的心灵坚守,就如尼采的话:"性格决定命运。"

2

培根说:"金钱是个好仆人,但在某些场合也会变成恶主人。"

金钱就像水一样,缺了它,会渴死;贪图它,会淹死。

许多年前,我们曾经在平静中看红尘飞舞,在理性中品世事沉浮,不曾为财富迷失自己;许多年后的今天,我们再次聚在一起面对未来时,依旧不会向金钱献媚,不会让人格低头。

一半是共同的感慨,一半是坦诚的分享。

全忠的微信里,80%以上的内容是新书推荐。我每天在早晨的咖啡时光里阅读他的微信,看到他文字里多了几许温暖的阳光。

刘凯在中国养老养生的一个全国性协会当了秘书长。我们去年在洛杉矶海边的墨西哥餐厅,以另一种文字的方式交流着,去追逐内心世界的多彩。

时光荏苒,文字的清高依旧。我翻阅着这些年积淀的书稿,欣慰从没迷茫于金钱天地里的那份清醒,才有文字世界里的另一种财富。

3

地产是弱肉强食的森林,只有暂时强者,不会有永远的英雄。

刘晓光到了另一个世界,在他的祭日才偶尔有几个朋友提起;王石休息了,慢慢也会淡忘在人们的视线里;潘石屹的产品和声音,进入房地产非主流时代,不再锋芒毕露地指点江山……

我不会在地产富豪榜的财富曲线里,心情潮起潮落。地产业单一金钱数字游戏的时代终有一天会过去,那些报表里巨大的财富,构架不了经典的故事。但文字世界里,平静背后的尊严,随着时间的流逝,会生长出另一种力量。

我们三个,经历了波澜起伏的房地产历程。在这个逐利的赛场上,我们以地产文人的清高留下了自己的足迹。我相信,房子会慢慢变旧,文字依旧新鲜地存活着。

文字的清高,会是一首坚守的歌。

文字的清高,会是一行动情的诗。

在悉尼铜帆雕塑前

我赴澳洲工作后,开始熟悉华侨这个特殊的群体。

生命里,有很多的选择。只是华侨们选择在新的世界寻找自身的价值。

1

我见过世界各地很多的街头雕塑,唯有悉尼市政广场那个叫《铜帆》的雕塑,在我心里升腾起对华侨们的敬意。

这个落成于1992年的雕塑有两个铭牌,一个中文,一个英文。

铭牌上的文字是这样的:"这座艺术雕塑铜帆是由悉尼华人筹款建立。借以纪念悉尼开埠150周年!并表扬华人长久以来对澳洲社会的贡献。"落款:悉尼市副市长曾筱龙OAM太平绅士。

这是悉尼市政广场上,至今为止唯一的一尊艺术雕塑。凡是来到悉尼的世界各地的人群,都会在雕塑前,感受炎黄子孙们闯荡世界的勇气。

远离祖国的日子里,因为无数的海外华侨,世界开始重新理解中国。

一位移居悉尼的老华侨James告诉我：这个雕塑的背后，集聚了无数华侨在海外拼搏的成果。

2

我认识许多的在澳华人。有的已经在澳几十年，有的是年轻的新移民。

我们一直讨论着关于"爱国"与"人生"两个敏感的话题。一个伟大的民族，要屹立在世界之林，离不开华侨这个群体。

在悉尼市政厅北侧的York St 149号，那幢著名的古建筑香港屋，仅与悉尼市政厅相隔十米，香港屋房顶有两根不锈钢的旗杆。每天太阳升起的时候，这里会升起香港区旗和中国的五星红旗。

在远离祖国的南半球，如果不是身临其境，你难以体验，在乔治大街看到澳洲国旗和五星红旗，同时飘扬在悉尼市政厅两旁的画面时，为什么许多华人会被感动出泪花？

大爱于世，华侨们是强大中国递给世界的另一张名片。

3

《铜帆》雕塑，还在延续新一代华侨的故事。

从悉尼市政厅划一个1000米的半径，更是当今华侨们全新的舞台。

北面是中国阳光保险收购的喜来登酒店，这至今仍是海德公园一线唯一的五星级酒店；

南面是中国绿地集团的五星酒店和绿地中心，是目前悉尼

CBD核心区的最高建筑。

东面是上海连合地产的雅高五星级酒店和卡斯丽高级公寓，这个地标建筑改写了海德公园的住宅历史。

西面是首开集团开发的星级酒店和高级公寓，与正在建设的达令港中资背景的WJ万豪五星级酒店几乎连在一起……

我幸运在生命里与这些华侨们的遇见，并能在这个陌生的国度里同行，一起参与同世界互动的行动中……

感恩

一个人的成长,除了勤奋和机遇,还有许多人一路的帮助。

感恩帮助你的人,因为你从那里获得了成长;感恩安慰你的人,因为你从那里获得了信念;感恩教导你的人,因为你从那里获得了知识。

1

大学里,因为家境贫寒,我几乎是依靠学校的助学金才得以完成学业。毕业前,我的日记本里记下了648元这个数字,这是四年里学校发放给我助学金的总和。

我知道,如果没有这笔每月10多元的无偿支持费用,我不知如何熬过四年的学习,会不会贫困到连人格的尊严都会伤害。我在心里告诫自己,有一天我得连本带利地把这笔钱还给学校。

有一年校庆前,我找到了副校长兼校友会会长刘春红,向母校个人捐赠50万。刘副校长告诉我可以以企业名义捐赠以免税,或者在学校设个奖学金之类的形式,再或者建个雕塑或者铭牌。

我说不要任何形式,这个捐款是对母校的感恩。我没有告诉她关于我的助学金的故事。

感恩,是一种非常纯粹的心境。

2

我在《文汇报》时的14年新闻生涯,是我人生最重要的时光。在这里,我看到了一个全新的世界;在这里,我得到了很多的培养;在这里,我完成了人生的转型。

我一直把《文汇报》视为第二个"娘家"。

文新报业集团成立后,传媒受到互联网的冲击,《文汇报》的广告经营出现了下滑。

我找到了时任文汇报社党委书记裘新,我来承包《文汇报》的房地产广告,以支持报社的广告经营。

我的律师和财务提醒我,这是一笔亏本生意,一旦承包,我会一年亏损300万元。

他们不了解我的过去,我坚持签约这个合同。感恩,绝不是可以用盈亏来计量的,是深埋于内心对过去的报答。

3

小时候,我们兄妹四个上学,给原本就贫穷至极的家庭增添了更大的困难。父母咬着牙让我们读书。

在部队当兵的姑妈,一直积极地支持我们。小到橡皮、铅笔,大到书费。她成为我心中的"精神母亲",为了感谢她,我从三年级起就用她帮我起的名字,沿用至今。

她在马鞍山退休时,患了严重的哮喘症,医生建议她在安静的乡村生活,能缓解病情。

我的童年里,因为她的关怀,我才得以成长。她的晚年里,我想回赠她,让她健康快乐。我帮她在安徽的乡下建了三间房,姑妈在田原牧歌式生活里,健康而快乐。

感恩,是精神的敬礼。

因为感恩才会有这个多彩的社会,因为感恩才会有真挚的友情,因为感恩才让我们懂得了生命的真谛。

太阳雨

天上下着太阳雨。中午我约了他在亚拉河畔的中餐馆小聚。

见面的时候,看到他,有些说不出的酸楚感:雪白的头发,满脸的皱纹。自他移民到澳洲五年,我们还是第一次见。

1

他的英文不好,可能口袋里装的澳币也不多。

移居澳洲应该快十年了。不是那种开着豪车、从国内搬着大叠钱财来享受的中国土豪。

他是一个非常普通的中国人。

我知道,他不可能在这个城市找到一个体面的工作,他的太太从上海著名的中山医院辞职来墨尔本,至今还在努力地为一份普通工作投递简历,好在儿子上了中学,还算适应了这里的学习。

我一直不明白:他把上海的工作辞了,房子卖了,远行七千里地,来澳洲定居,为了啥?

2

看得出,他在这里的圈子很小。

华人在海外,也是分群的。

他应该很孤独。除了自己,就是老婆、孩子。独居在一个有点封闭的小天地里。

我与他相识很多年,也算是个老友,我的到来,让他有了些许快乐。

我点了些上海特色的菜,有些怀旧的气氛。席间,我们聊起了很多熟识的朋友,还有些过去的故事。

我感觉到,他很久很久没有这样与朋友坐在一起谈天说地。

有一个时间,我觉得他错了。不应该远离他乡,移居到这个陌生的国度。

3

我们说起了孩子。

他有些兴奋,像一个合格的父亲。他说他看了本书,一个父亲与孩子最重要的是少年期的相伴。他因此改变了自己的一切。

他的孩子14岁,他想把时间更多地交给孩子,孩子呼吸道有疾病,在澳洲缓解后学习、生活很顺利。其实在世界任何地方,孩子好了,家才幸福。

快乐,有时很简单。

简单,有时很真实。

真实,有时很动情。

我突然觉得他是一个好男人。不,确切地说,是一个好父亲。

一个男人,如果成为好父亲,常常是有牺牲精神的。我知道了他如此平淡但从不伤感的缘由。

4

握过手,我们再见。

他的背影消失在亚拉河畔的冬天里。

每个人都有权选择自己的方式生存。

携妻带子,淡淡地生活,安逸、宁静、平常,其实,也是另一种快乐!

我目送着他。

天上依然下着太阳雨。这场景夹杂着酸楚与希望。我突然觉得,许多的选择本无对错,他可以什么都不是,但永远是一个好父亲……

04 卷四
致远方

世界变得越来越小。我拖着行李箱，在原本陌生的国度开始熟悉另一个全新的世界。

远方与诗，河流与山脉，与肤色与血统无关。人生原本就是一次走走看看的行程。

涅瓦河畔的风景

踏上圣彼得堡的土地,美丽的涅瓦河就缠绵着你。

这个彼得大帝梦想的复兴城池,最欧化的俄罗斯北方之都,因为这条母亲河而唯美如梦。

1

涅瓦河,是圣彼得堡这个城市的血脉。

与世界其他著名城市一样,各式的小桥、流水、岸线和游船,构成了圣彼得堡独特的风景,多情而浪漫。

这个被称为"北方威尼斯"的城市,涅瓦河成为圣彼得堡真正的骄傲。

涅瓦河有74公里漫长的岸线,穿越于圣彼得堡的范围内,分支达50条之多。河上桥梁遍布,千姿百态,各不相同。700多座桥梁把各个岛屿连接起来,串联成风光旖旎的圣彼得堡。

我从未见过如此澄净的河床。

这段北纬60度早晨的风景,这条圣彼得堡城市最骄傲的母亲河。涅瓦河芬兰湾出海口的三角洲地带,圣彼得堡这座城市因为蜿蜒流过的涅瓦河水,孕育出这古风古韵两岸深邃幽蓝、风格各异的景象。

涅瓦河的早晨,有西欧文明的色彩。

涅瓦河的早晨,有俄罗斯精神的涛声。

著名的冬宫就在涅瓦河畔。

开桥,是圣彼得堡神奇的特色。凌晨横跨涅瓦河上的大桥为了便于大型船只通过都会按时间依次打开,非常壮观!

彼得要塞、冬宫、海神柱、冬宫桥……许多著名建筑、地标物都伫立在涅瓦河两侧,依水而居,使圣彼得堡成为一幅流动的画。

2

来到被称为色彩之都的圣彼得堡老城区,你像穿越进一个古老的城市博物馆,古堡、教堂、雕塑……五彩缤纷。

绝对看不到一个开发工地,更看不到一个房地产广告。

圣彼得堡的市区,是世界文化遗产的精华,清一色的三四层古建筑,浓缩着这个城市的光荣和骄傲。

有点像巴黎。

有点像柏林。

有点像伦敦。

整个城市就像是一个欧洲建筑的历史博物馆。正如普希金所言:"圣彼得堡是通向欧洲的窗口。"

许多色彩鲜艳的建筑,延绵在百余条河流的岸线旁,如诗如画般浪漫。

这座富有色彩和艺术的城市,曾赋予了拉赫马尼诺夫、柴可夫斯基无限的创作灵感。无论是列为世界四大博物馆之一的埃尔米塔日博物馆,还是典雅的皇家园林夏宫和皇村,均堪称世界一绝。

几乎所有的圣彼得堡居民,都生活在古老的建筑中。他们自古来就反对任何形式的新房开发,认为一切新房的开发,都将破坏圣彼得堡的灵性。

你绝对不会相信:至今,圣彼得堡核心区,最新的住宅,已超过100年的历史!

3

我抵达圣彼得堡的时候,正是俄罗斯世界杯最好的时光。

遇见阳光灿烂的早晨,背上相机,在涅瓦河畔的阳光里阅读圣彼得堡,实在是种享受。

以惊艳来形容晨光里的涅瓦河,一点也不过分。

太阳从河岸东侧升起的时候,平静如镜的涅瓦河,抹上了一层金边,天空的云朵开始变成七彩。

早晨的阳光,涂在了岸线旁的典雅建筑上,眼前的一切像一幅巨大的油画,宽银幕一样震撼于心。

1917年4月3日,列宁流放来到圣彼得堡,继而领导指挥了十月革命。为了纪念这一历史事件,建立了列宁广场和列宁纪念碑。列宁同志挥动右手,所指就是涅瓦河。

美丽的涅瓦河,因为它特殊的经纬度,你可以在这里享受几乎没有正午的日子,也会感受几乎没有黑夜的神奇。

浪漫的涅瓦河,因为它特殊的文化,你可以体验浓缩了欧洲建筑的城市风光,也可以感悟一个水乡都市的百变情趣。

坚强的涅瓦河,因为它特殊的历史,你可以体验近代俄罗斯的坚强和伟大,也可触摸只有圣彼得堡才有的光荣和梦想。

由彼得大帝亲手规划,历代沙皇一砖一瓦督造的皇家宫殿、教堂、花园、广场,宛如一颗颗璀璨明珠,镶嵌在涅瓦河两岸,成为今天的世界文化遗产。

一座座横跨两岸造型别致的各式桥梁,在晨光里犹若长虹卧波。眼前的涅瓦河,宽广的水面映衬着一个美丽的早晨,七彩的岸线折射着一个多情的城市。

我想起了普希金的诗句:每一个早晨,都是一次洗礼,也是一次迎接。

百老汇之夜

从繁华的上海,踏上纽约的街头,不再有当年的兴奋情绪。但在百老汇体验的纽约之夜,却挥之不去在此行的印记里。

1

不去百老汇,等于没到纽约。

这话不假。

来纽约几天,一直淡淡地面对这个城市,但今晚走在百老汇的夜色里,这条南起巴特里公园(Battery Park),由南向北纵贯曼哈顿岛的百老汇大道,两旁一个接一个的剧院,让我看到了"百老汇",是名不虚传的音乐剧代名词。

百老汇在公元19世纪初,就已经成为美国戏剧艺术活动的中心与圣地。我静心地看完著名舞台剧——《歌剧魅影》,因为其中的音乐、灯光、服饰、歌声与表演,开始对纽约有了几许的好感。

百老汇,是纽约张望世界的眼睛。

它,比香港维多利亚更辉煌。

它,比悉尼情人港更艺术。

它,比东京新宿更文明。

2

纽约,浓缩着政治、经济、虚伪、荣耀。唯有百老汇的霓虹里,闪烁着纯美的故事。

建立于公元1810年的Park Theater,这个纽约百老汇剧院的始祖,如今依旧日复一日地迎接着世界各地的宾客;那幢在1821年出现于百老汇大道(Broadway)的The Broadway,现在依旧是百老汇艺术表演的象征。

"百老汇",除了地理上包含了纽约时代广场附近12个街区以内的36家剧院的概念,还有两个重要的象征:一是在百老汇地区进行的所有演出,二是整个百老汇剧目为主的产业链。

百老汇,成为西方戏剧行业的一个巅峰代表,代表着最高级别的戏剧艺术成就和商业成就。

我行走在百老汇大道的人群里,想到了"文化艺术"。

没有百老汇,或许纽约只是一个高楼林立的城市,时代广场或许也只是一幢普通的建筑。

这一切,因为百老汇的存在而不同。

3

我从未迷恋过美国。

我们是在反美思潮的童年里渐渐长大的,很小的时候,纽约是野蛮与血性的名片。

因为百老汇，我看到另一个纽约。

在美国人眼里，百老汇是美式歌剧；在我的眼里，百老汇是音乐剧，是一条没有国界的艺术长廊。

我欣赏百老汇务实育才的态度。著名的好莱坞音乐故事片《音乐之声》的女主角朱莉·安德鲁丝就是从百老汇的同名音乐剧表演开始的，后被导演发现转向银幕。

我佩服百老汇从不拒绝模仿的精神。像《猫》这样世界著名舞台剧，原先在伦敦西区原创，而后在百老汇方才走红。这是因为百老汇的制作人把它们买过来，加以精细再制作的结果。

每年有几百万的来自世界各地的游客到纽约欣赏百老汇的歌舞剧，在这里可以平和地享受这些街区原本的物理属性和文化大餐。

我不再以对纽约的偏见看待百老汇的夜色。

因为百老汇，纽约的灯才如此迷人。

因为百老汇，纽约的夜才如此美丽。

行走在灯火辉煌的百老汇夜色中，我想起了拥有五千年文明的东方古国，想起了上海的百乐门、大世界，我们过去曾经的历史和故事，不应该停留在影视艺术的剪辑中……

在多米尼加的海边

从纽约起飞,4小时空中之旅。眼前便是一个美丽的北美洲。去多米尼加看海。

1

多米尼加,传说哥伦布在15世纪的星期天到此,又称"安息日",这一习称让多米尼加成为了天然的休闲之地。

这是一个绝美的休闲之地。

如梦的多米尼加,承载了加勒比海浪漫的血统,完全是一幅天然的风景画。

Beach Resort是一座自然的宫殿,我难以相信,雪白的沙滩、碧蓝的海水、美丽的女郎、修长的椰树所构成的一切,如此美丽和谐。

多米尼加,是白沙与碧水的杰作。

夜晚,躺在沙滩旁的长椅里,静静地享受着这样的夜,数着满天的星星,自然想起了童年,想起了那些已经过去了永远不会再回来的故事。

巨大的夜幕里,闪烁的星际,在海涛的音乐声中起舞,我寻找着地球另一端的地方,那是我的祖国和家乡。

离家远了,才明白对故土的眷恋。

2

北美人的自信,以及血脉里的热情,在我踏上多米尼加的那一刻,就被融化了。

体现北美形象的人物雕塑,改变了我以往所有的视觉习惯,强烈地冲击着我的心。

走进多米尼加,就如走进了自然的音乐天地,这些音乐,来自他们如泥土般的肌肤、来自他们诚实的眼神、来自他们永远热情的口吻。

是阳光晒出了他们本色的肌体。

是大海养育了他们博大的胸襟。

是椰树陶冶了他们浪漫的情操。

我走在他们之中,特别喜欢人间有如此快乐和随意的相处。

我忘记了从哪里来,到哪里去。

海风吹拂而来,时光如此美好。

什么都不想,在这样的风景里发呆,特别奢侈。

3

迷恋多米尼加傍晚的海。

血红的太阳西下的时候,一望无际的海染成一幅巨大的油画。

我第一次体验自然有如此的力量,把世界塑造得如此美丽。

风吹椰树叶的那种节奏，在这个时候，是最原始的音乐，这是世界原本最美的声音。

　　走在夕阳下的沙滩上，像行走在远古的画框里，生命里有很纯的那种情绪，是永远值得回忆的瞬间。

　　多米尼加的海，只要你触碰过，就会永远留在记忆里。

　　因为所有的一切都变得真实。

　　因为所有的陌生都变得熟悉。

　　因为所有的快乐都变得简单！

4

　　多米尼加的海，有一帧本色的风景。

　　再美的文字，都显得苍白无力。这是带不走的一种美丽。

美丽的霍巴特

遥远的澳大利亚东南部,美丽的霍巴特,是塔斯马尼亚的跳动的心脏。

踏上这个建于19世纪初的小城,非常英式的城市情绪,浪漫的湛蓝海岸,随之会让你休闲和放松。

1

霍巴特,像一幅油画般美丽。

五彩缤纷的麦考瑞街,穿过你视线的时候,是一幅展开的画,精美而优雅。

霍巴特完整地保留了许多殖民时代的建筑,19世纪30年代用砂石建成的货栈、古老的议会大厦和澳大利亚最早的皇家剧院。萨拉曼卡广场,古朴而神秘,在高耸的威灵顿山坡下,像是在叙说着这个城市关于咖啡和艺术的故事。

我行走在霍巴特的街头,那些延绵的巷子、依山而建的别墅、鲜艳的街头小花,还有优雅的乔治亚风格的砂岩仓库,工匠、画家、设计师的艺术空间,让你愉悦地被这个城市的风情融化。

德文特河畔的霍巴特摔跤赌场酒店,横跨在德文特河上,古老的霍巴特大桥,这些唯美的建筑符号,是霍巴特人的骄傲。我羡慕霍巴特的人们,生活在如此安逸而浪漫的视觉天堂里。

优雅的乔治亚风格的砂岩仓库,如今成为霍巴特的骄傲,成为工匠、画家、设计师的艺术空间。走在霍巴特的路上,是种享受。

去霍巴特,著名的摇篮山是必到之处。

走进这座由几亿年前的冰川作用而形成的群山,不仅享受自然形成摇篮状的景观,还能体验塔斯马尼亚荒原世界遗产的独特韵味,与圣克莱尔湖一起组成国家公园,就是长达65公里的徒步胜地。

在心醉步道,可以感受从层叠水道到浓密雨林的转换;在鸽湖环线,可以欣赏因冰川作用形成的清澈见底的冰斗湖;在火山湖环线,可以攀登到蔚为壮观的冰川火山口湖,观赏四周悬崖峭壁却长满落叶山毛榉的景象。

2

澳大利亚人从1804年开始建设这个城市,这个澳大利亚第二大古老城市霍巴特,像一个浪漫故事的家园。

原野与碧海,在霍巴特相遇,一切都注定浪漫。

在踏上布鲁尼岛的那一刻,我看到眼前洁白的沙滩、壮丽的海峡、碧绿的雨林、无名的野花,当然还有各式飞鸟和红酒,无时无刻在拨动着你的心跳。

霍巴特最热闹的时候当是圣诞节次日,当早晨从悉尼出发的帆船12月31日左右到达霍巴特港时,宁静的城市一下子沸腾起来。在帆船赛参赛者们毫无拘束的开朗喧闹声、教堂钟声和船只的汽笛声中迎接新的一年。

我在"脖子湾"天然奇观的风景线里,拾级踏上耸入天际的观景台,远眺古代海崖岸线和连绵的沙滩,两个海湾偎依一体的世界自然奇观!

听海浪波涛扑打而来的声响。

看白色海鸥的翅膀在白云下飞过。

诗和远方。

塔斯马尼亚的浪漫,是根植于这片与海拥抱的土地上。

真正的原野,叫风景。

3

霍巴特是个有山则灵的城市。

市区西方20公里处的惠灵顿山,是一个四季皆可参观的景点,春天漫山遍野的野花五彩斑斓,夏季的荫荫树木翠绿满山,秋天的飘飘落叶使其金黄一片,冬季的皑皑白雪将其打造成一个银装素裹的白色世界。

我在驱车上山的途中,有飞流而下的瀑布和叮咚作响的小溪,有各色飞行鸟儿,有穿林跳跃的动物,有白云缭绕的山景,抵达风景如画的山顶望台,俯瞰整个霍巴特的景色以及德文特河的河域,是一个巨大的山水宽银幕。

好客的霍巴特朋友,下山后便带我们出海。他说,霍巴特是一个美味的天堂,不吃海鲜,等于没来霍巴特。

私家游艇驶向碧蓝的海洋深处,在浪花翻滚的海中央,我第一次体验什么叫"霍巴特海鲜天堂"的美称。

当地的朋友专门请了捕捞水手随我们驶船出海。抛锚后15分钟,鲍鱼、三文鱼、海螺、牡蛎、海胆……装满了一大筐。

干红、香槟,加十多道现做的海鲜,我开始明白什么叫海上美食的天堂。

窗外,洁白的云在飘。

船外,湛蓝的浪在涌。

对酒当歌地品味最鲜美的海鲜,其实已不再是传统的美食,而是快乐的至高历程。

霍巴特,一个美丽如诗的小城。

以塔斯马尼亚的名义,让所有的一切,带进记忆。

世界杯决赛现场

终于站在俄罗斯世界杯决赛的现场看球。

这个时刻,等了许多年。

此行俄罗斯,从圣彼得堡到莫斯科,所有的旅途风景都是前菜,今晚这个时刻,才叫"主食"。

1

疯狂,在今晚是个褒义词。

眼前,全世界的球迷聚在卢日尼基球场。在这些人群里,我不算真正的球迷。但大凡男人,只要你站在这里,会被美丽的疯狂感动。

与其说是从几千里地外赶来看一场决赛,还不如说是体会男人间的一次角逐。

克罗地亚不是我的祖国。

法国与我一点也没关系。

世界杯的疯狂,原本与国籍无关。

与许多中国朋友来到俄罗斯、来到莫斯科卢日尼基球场、来到世界杯决赛现场一样,重要的是体验以足球为形式的战斗。

智慧的战士。

我欣赏这样的男人们。

2

世界上好像没有一种运动,能像世界杯这样撼动人心。

一个小小的足球,让几十亿人揪心在一起。

特别是今天这场冠军之战。

这几天,我在莫斯科这座城市感受到了这种气氛。整个莫斯科被浸泡在世界杯的浓郁气息里。

感谢我的好友傅总,邀请我来到俄罗斯世界杯的决赛现场。巧合的是,夺冠热门的法国队,昨天入住到了我的同一家酒店,世界各地的记者把酒店围得水泄不通,持枪的警察24小时在楼下转悠。

有些凝重的气味。

昨天半夜,我见六楼法国队队员的房间依然亮着灯,内线说他们在总结赛前训练和决赛布置。

突然想说:每个人都会有人生的考场,输与赢,常常是一步之差。

世界杯的魅力在90分钟。

生命的历练,却是漫长的一生。

3

人生,就如一场球。

就是在无限的努力过程中,寻找机会。

被胜利的链条捆绑着前行。

男人们的世界里,欲望成为成果的经历,永远有一种力量在召唤。世界杯,不是培育你胸怀有多宽广,而是在点燃你的激情有多深。

90分钟,不是一部情意绵绵的电视剧,是搏击理想的一场战争,是一次浓缩的人生。

赛点的哨声响起,我看到千万双臂举起的那一刻,是向法兰西的敬礼!

远方,飘动着法兰西的国旗。

千万球迷站起身,为4∶2疯狂。迎着国旗的飘动,千万双举起的双臂在摇动。整个俄罗斯卢日尼基球场,像一场没有指挥的庞大交响乐。

这个美丽的时刻,属于法国。不,确切地说,属于每个法国人。

我第一次明白,一个小小的足球,背后竟是如此强大的民族精神。

我欣赏着他们的快乐。

我被眼前触碰到了痛点。

因为这个舞台上没有中国足球,这个世界杯的领奖台上,不会飘起五星红旗,我们无法像他们一样伸出双臂,球场上滚动着的中文广告,只是某种陪衬。

4

千万双臂举起的那一刻,是向足球外延精神的敬礼!

我看到这挥舞手臂的人群里,有来自世界各地的球迷。他们在年轻的法国队身上,看到了坚持、理想的不屈精神,当然,还有走向冠军之路的努力。

卢日尼基球场的呐喊声,是留给全世界的。

卢日尼基球场的这个夜晚,属于冠军之战的球员,也属于每一位参与其中的观众。

这不是一场比赛的胜利,而是足球外延精神的经典著作。

今晚的克罗地亚同样创造了历史。

这个才400多万人口的小国,改写了足球历史,也改写了传统的观念,让全世界许许多多自认为大国的骄傲从此扫地。

这个世界从来没有真正的输赢。

我看到眼前7万人不断地欢呼与呐喊,既是对强者的欣赏,也是对弱者的鼓励。

感谢千万双臂举起的这一刻,留给我俄罗斯世界杯最美好的记忆。

春节,在异域的街头

新年的悉尼第一大街George St,拥挤的人群里,多了许多中国面孔。

这条悉尼最繁华的街区,在这个春节里,橱窗里尽是各种中文问候和鸡年的符号,像是半个长安街、半个南京路。

走在这异域的街头,在这个春节里,我寻找着心中的中国春节。

1

小时候,我像当时许多的中国人一样,捧着海外风景画报欣赏着另一个遥远的世界,老师教着英语的时候,总像音乐课一样消遣而漠视。

因为,英语世界与我们无关。

那个年代,偶尔见到高鼻子、蓝眼睛、黄头发的外国人,像是另一个星球的贵客,我们尊称他们"洋人",一个充满褒义的词。

我们从没有想过,有一天,那么多中国人会在这个英语世界随意穿行,而且,我们把"洋人"改为"鬼佬"。

我们从没有想过,地球另一端的机场、码头、商店会铺满中文,他们不得不以此来迎合中国人的习惯。

走在异域的街头,在这个春节里,不是我们在流浪,而是在与另一个世界对话。

2

我曾经羡慕许多年轻的中国同事操一口流利的英文,完全吻合于这个英语世界里。

以前我们把此称主流语言、主流社会。

当我以一个中国普通地产人走进这个陌生的城市。

当我在海德公园看到阳光保险收购的喜来登酒店、绿地集团的五星酒店、世茂的一线景观大楼。

当我在悉尼大桥上回首新华联的歌剧院1号、万达集团海景大厦。

当我穿越北悉尼地标新希望项目时,我想到了一句话:大中国、小悉尼。

我在参与悉尼CBD巴瑟斯街36层地标大厦谈判时,上海连合地产股东以中文的力量令英文世界妥协,像建造一个建筑模型一样,亲手摘下了这个总投资近20亿元人民币的项目。

时代变了。

你抬起头的时候,世界开始向你低头。

走在异域的街头,在这个春节里,不是我们去告诉世界,而是世界去重视中国。

3

感谢有一个日子,叫春节。

他们的总理,得在春节去唐人街,甚至以中文作开场白,迎合一点掌声和选票,因为这个国家不得不重视越来越多华人的存在。

他们的街头,得在春节放烟火庆祝,因为需要在这个时候向中国敬礼。

他们的机场,得贴上中文标签,因为世界第一游客群与他们的经济有关。

他们的商店,得招华语店员,因为没有华人消费营业计划会落空。

他们得小心翼翼地对待春节,就像我们曾经对待圣诞节一样,记住中国、记住有一个日子叫春节。

他们挡不住像洪水一样的中国脚步。

走在异域的街头,在这个春节里,不是我们说着英语去生存,是他们说着中文寻找中国商机。

4

在中国时,我们会忽略自己的存在与价值。走到异域他乡,我们才发现13亿人群背后的力量。

在澳大利亚,几乎所有城市,有一条唐人街,穿越于每个城市的腹地。

春节,是唐人街的共同节日。

唐人街,像是呼吸中国情的器官。

这个时候,无论第一大城市悉尼,还是第二大城市墨尔本,数万华人们在舞狮、点灯、击鼓、舞龙,享受中国、享受团聚、享受美食。强大得让日本街、越南街、韩国街可以忽略不计。

这个地球上五分之一的人群,叫华人。

走在异域的街头,在这个春节里,不是只有春晚的一台节目,而是华人们情意交融的美丽时光。

洛恩：肆无忌惮的美

想在周末空闲时发呆，应该去墨尔本的海边小镇：洛恩(Lorne)。

这里，雪白的海浪，像诗一样映满你的眼帘。

这里，幽静的森林，像画一般拥抱你的心灵。

1

洛恩小镇坐落于鲁提特海湾和美丽的奥特威雨林之间，有着澳洲滨海小镇迷人安逸的风景和气质。

一个多世纪前，世界各地的游客来此观光游览。温和的气候、绝妙的咖啡厅、独特的商铺、精品店和画廊，这是大洋路沿途最受欢迎的度假胜地之一。

阳光沙滩，还有森林瀑布，海鸟、芦苇，还有天鹅，所有的一切，催使着人们放松、发呆。

风景如画的洛恩海滩，一望无际的雪白海浪，与翠绿的岸边草地，勾勒出巨大的彩色空间，动与静的极乐天地。

壮观的厄斯金瀑布，在丛林之间喷射出清新的乐曲。难怪，一年一度的瀑布音乐节成为一场心灵的狂欢,吸引了全澳大利亚甚至外国游客远道而来。

穿越丛林,欣赏瀑布后,躺在阳光洒满的草地上,捧一杯热巧克力品尝发呆,在远处忽响忽轻的海浪声声中,醇香而甜美。

2

绝美的洛恩海滩Lorne Beach,镶嵌于山脉的转角,连接着浪漫的洛恩主街。

游泳、冲浪、晒太阳、烧烤,在厄斯金河入海口钓鱼,时光变得纯美、宁静、安然。

墨尔本居民的双休日,喜欢驾车来这里休息、发呆,打发随心所欲的假日。

一边是碧蓝的大海。

一边是幽静的森林。

厄斯金瀑布Erskine Falls是奥特维地区落差最大的瀑布,也是洛恩的骄傲。

瀑布上方有一个观景台和供人行走的小径,瀑布旁边还凿出一条小道,可以通到瀑布底端,环绕这人间美景,沉浸于山谷溪流的自然心情之中。

背靠奥特韦山脉Otway Ranges的洛恩小镇,依山傍海,雨林围绕。

小镇的房子色彩缤纷。散落在小溪山谷的汽车营地,世界各地的游客,把这个世外桃源誉为"来了就不想离开的胜地"。

3

洛恩小镇的主路,就是著名的驾驶之路:大洋路的起点,也叫 Mountjoy Parade。

无论春夏秋冬,喜欢驾车的人们,在这山海之间的浪漫之路上穿行,窗外掠过的原野、山坡、垄地、森林、碧海、沙滩,还有如流水一般的沿海S型公路,绝对是人生难忘的驾车历程,留存于记忆之中。

洛恩,是大洋路的序幕和面孔。

这个小镇,会洗净你烦躁的心。

躺在草坪上,看白云飘过;或者散步在堤岸旁,看日出日落。

行走在森林中,听鸟鸣风声;或者在流水小溪,看鱼儿游弋。

在洛恩发呆,不是时光的静谧,是自然的赠予和享受……

冬季到悉尼去看海

每每飞抵悉尼,总会在机窗外看那片 Sea Cliff Bridge。
蓝色的海,勾勒着琴弦一样的曲线。
渴望踏上这个海滩。
看浪花,听海声。

1

周日的金色晨光,铺满了前往 Princess Hwy 的公路,悉尼还在梦里,我驾驶着越野车在皇家国家公园路上,穿梭在绿树森林之中。

冬季去悉尼看海。

Pool Flat,是一个三面环水的半岛,溪水与野鸭,在这个早晨里,像一幅流动的油画,充满色彩和张力。

群鸽以白色的翅膀,在碧蓝的天际划过弧线,像在颂扬生命的力量。

我一直渴望在这样宁静的画面里,清洗自己。人在远离尘世时,会重新寻找纯粹的美好,恢复只有童年才有的天真与向往。

成群的野鸭,戏水在金色的池塘,以自由的翅膀,扑打着这个清新的早晨。

静,是一副美丽的处方,洗洁你的心。

2

穿际在沿海公路,眼前豁然开朗的白色海滩上,就是著名的 Sea Cliff Bridge。

一条如虹的天路,在山脉靠海的一侧,以 S 造型,伸向天涯海角。

悬挂山际的飞桥,如彩带一样的柔美;远处的海平面,你视线里,像有一把巨大的琴弦,弹唱着一首浪漫的海浪之歌。

汹涌的浪,是海的灵魂,柔软而坚强。让你站在它面前,被脱胎换骨地黏合着一种力量。

我惊叹人类伟大的造化,更被眼前自然的奇葩而震慑。

浩瀚的海面,盛满蓝天白云的倒影。自然,原本是世上最伟大的画家,奇妙而流畅地书写着人间的美好。

我喜欢在这样的场景里与世界依偎。

把心裸露着,以最原始和本色的情绪打发时光,人生的历程,应该有许多休止符,而这些留白,常常会震撼着记忆。

停车。

在桥面上散步。

整个世界在脚下歌唱,海浪一层一层翻叠着,扑打着海滩、卵石,铺出各式的浪滩,我想起了谭盾大师的《水之恋》,在静与动交叉的那段音乐,为何如此穿心!

一泓海水就是一部巨作。

每片浪花全是生命的警句。

3

海边有个非常美丽的小镇,散落着一直与海为友的原居民,在这里远离尘嚣,相爱而居。

这个村落,有一个非常著名的 The Scarborough Hotel,既是美食的世界,也是小镇的骄傲。

茅屋、木凳、花草……

牛排、啤酒、海鲜……

临海的草地上,所有的一切都随心所欲,不带修饰的痕迹。各色各样的人群聚在这里,享受阳光,面海发呆。

有一个西人抱着一把吉他,在石凳上弹唱着《大海》的歌,歌声、掌声、笑声在咖啡和牛排飘香的海边,一片祥和。

我在他们的人群里,显得有些拘谨。

我们以完全不同的方式,在体验关于人生、关于幸福的定义。

我眼前的海,是风景;他们面前的海,是朋友。

4

冬季,到悉尼去看海。

地球是圆的。总是从一个起点回归另一个终点。

人生亦是如此。

换一个角度,世界会不同。

换一种方式,心境会不同。

换一个姿态,人生会不同。

稻佐山的灯海

我飞抵日本长崎的当晚,日本好友说要安排"大餐"招待我。

本以为是海鲜和牛之类的美食。其实不然,是驱车带我去稻佐山,观看与那不勒斯、香港齐名的世界第三夜景。

1

日本也许是世界上数一数二喜欢对夜景打分数的国家了。除了有"日本三大夜景"排名,更有专业组织"夜景峰会",评定出"世界三大夜景"。

长崎,是日本人骄傲的夜景之地。

从2012年诞生的"新世界三大夜景":香港、长崎及摩纳哥,到2015年诞生的"新日本三大夜景";长崎稻佐山、札幌市藻岩山、神户市摩耶山,再到2018再次评出的"新日本三大夜景":长崎稻佐山、札幌市藻岩山、北九州的皿仓山。

稻佐山的夜景,被誉为"长崎之灯""日本之灯"而广受欢迎。

海拔333米的稻佐山是长崎最高的一座山峰,连绵起伏在长崎的城市边缘。

登上山顶,可以清晰地俯瞰长崎市全貌。由于长崎海岸线的勾回曲折,这里的灯光装饰构造出独特的立体感,让人叹为观止。

稻佐山夜景,因此成为世界新三大夜景之一。

2

夕阳西下前,驱车沿着曲折的山路,我们来到稻佐山山顶展望台。

眼前是一栋圆形玻璃建筑,一楼为展示大厅,二楼则是气氛优美的观景餐厅,沿着螺旋阶梯层层走上顶部展望台,便可欣赏不同视野的美景。

这是一幢镶嵌在稻佐山非常精美的建筑。

二楼的这家名为"光之餐馆",是专门为观赏夜景而设计。半圆形的大面玻璃窗,能以最佳角度眺望长崎港口及市街景色,不论白天或夜晚都显得别有风情。

餐厅提供不少长崎道地的风味餐点,其中特别引人注目的便是长崎著名的"土耳其饭"了!

"土耳其饭"其实跟土耳其毫无关系,实际上是由"茄汁意大利面""炒饭""日式炸猪排"三种菜色一同盛装摆盘,淋上肉酱后再放上一点沙拉点缀。日本朋友告诉我,这是"三色旗"的日语跟"土耳其"的日语谐音,因此得名。

窗外夕阳映照着稻佐山,我们品着"土耳其"饭,像是欣赏长崎夜景的"前菜"。

3

被山峦所环抱的长崎港开始入夜。

像是安然沉睡于珠宝箱中的女郎,温柔而美丽。

稻佐山灯海,也拉开了帷幕。

太阳开始下山。日落时间起的10—15分钟内,天空开始渐变。先是浅粉色,后是玫瑰色,不久变为一片橘红色。稻佐山像一个巨大的天然舞台,演绎着色彩缤纷的光与影,难怪这短短的15分钟,被称为"色彩魔幻"时刻。

这是夕阳和天空的对话。

太阳下山了。日落时间过后15—20分钟,天空变成一片紫蓝,几分钟后眼前是深蓝的渐变色天空,此时光线变暗的速度明显加快。在这白天和夜晚交接的瞬间,渐亮的夜灯和仍未消退的日光交叉着,实在是美轮美奂的夜景大餐。

星星点点的稻佐山灯光,开始在山脉的轮廓里睁开眼睛,像是银河下凡,像是万家渔火,一幅巨大无比的山脉灯光秀,装点着依山傍海的长崎。

夜来了,灯醒了。远方山脉轮廓被稻佐山繁星般的灯火覆盖,这无比秀美的长崎之夜,成为千万灯光的舞台,一片灯的海洋。

迷人,自然,宏伟。

长崎的夜灯,以它的辉煌震撼了你,穿透你的心灵。

4

群山环抱的长崎港,只有在夜幕降临后才那样如镜似画。

绵延不断的山体上,如网一样的夜灯依山而闪,气势恢宏。

长崎的海港,既有往日渔火的星星点灯,又有今日繁荣的夜灯闪耀,与山体伸向天际的散落之光,相映生辉。那条横跨长崎港的女神之桥,实在像夜的项链,闪烁出一条诱人的夜之灯舞。

长崎的夜如此娇艳,是因为长崎的灯。

因为有远山的博大,长崎的灯才如此富有节奏与胸怀;因为有宁静的海湾,长崎的灯才这样富有意境和情调;因为有停泊的渔船,长崎的灯才如此富有内涵和修养……

我被稻佐山的夜灯感动。

长崎的灯,是一个唯美的梦。

窗外的汉拿山

我在阳台上,看缤纷的树叶、翠绿的山体、洁白的云朵背景下的汉拿山,还有呼吸时能感受到的空气的甜净。

汉拿山脚下,这片彩色的麒麟山庄别墅区,每一个窗口都盛满风景,每一个阳台都诗情画意。

1

阳光,照晒着这些掩映在山体中的建筑,还有沿着山体起伏的道路。

远处,是济州岛碧蓝的大海。站在阳台上,看海天一色的宽银幕湛蓝的景观,听秋风吹拂着森林的声音,这个时候,一杯咖啡,或者一壶绿茶,都是无与伦比的享受。

房子,其实是有生命的。

多年的中国地产好友与我在偶然的相遇里,聊起了他在这个背山面海的麒麟山庄别墅区,他希望在韩国的土地上,延续我们的地产友情。

我被他的信任感动,也被汉拿山的幽静与安宁吸引。我开始了第一个海外地产在中国的整体营销。

2

我无数次地走进这个原本陌生的山脉,感受麒麟山庄别墅的精气神。

这海拔高度为1950米,韩国最高的山,是济州岛的骄傲。

汉拿山是神秘莫测的"神之山",也是濒危珍稀植物的乐园,这里有济州寒兰、珠朋、汉拿松耳草、天然香草等70多种独特的珍稀植物。

在这样幽静的半山,麒麟山庄实在是风景线里的家园。走过茂密的树林和石阶,登上海拔1200米到山顶是一片高山草原,草原上野花烂漫,群鹿游玩。

麒麟山庄的四季充满了诗意。

春天,尽享山顶的白雪与山脚的油菜花,映射世外桃源的景;夏天,融合神秘的瀑布、幽深的溪谷和绿荫造出佳景,让人流连忘返;秋天,树叶无声无息地变红,像一幅巨大的油画;冬天,一望无际的白雪披满山野,像一首诗。

3

在麒麟山庄的阳台上,远处的碧海蓝天,会放飞你的心境。

当了很多年房子的奴隶。偶尔有一天,发现许许多多那么美丽的山、海、湖、草,才知禁锢我们快乐的竟是房子!

我留恋着汉拿山的幽静、安宁,连风吹树林的声音,都让房子的外延显得悠远。

如果,许多个周末,就在这里,如今天的心情,与友人同聚,携家人共步,与孩子交心,快乐,会变得简单。

这些蜿蜒在山间的墅屋,等待着未来的主人。

这些主人,将把存款中的数字,翻译成生活。

这些生活,连接着花草、树林、大海、阳光、蓝天和快乐。

这些快乐,属于周末、家人、朋友,连同亲情、友情、爱情……

4

活着,是一个过程。

我一直在寻找,把汉拿山墅屋推荐给朋友的理由。

或许,不是一个小时飞行的便捷。

或许,不是置业移民的虚荣心。

或许,不是房好价低的实惠。

而是关于周末、关于生活、关于自然、关于友谊、关于房子以外,那些更简单的快乐。

自我,不是自私。

财富,当它是一个数字躺着的时候,我们是金钱的奴隶;当它站起来贯穿生命行动的时候,我们才是人生的主人。

5

秋天的颜色,染满了汉拿山。

我突然厌倦起都市里,那些永无四季色彩的节奏。

远离自然的心灵,终究会变得浮躁、焦虑、封闭。

需要一个山地墅屋,让假期叫作假期,让周末叫作周末。

需要一个望海窗口,让快乐穿过视觉到达内心。

需要一个风景门扉,让幸福拥抱门口的草地、树林……

贝拉湖的晨光

斯里兰卡的好友,特意安排我住在贝拉湖畔的希尔顿酒店。

窗外,那块依偎在贝拉湖畔的土地,就是他邀请我此行考察的项目。

1

晨光里的贝拉湖,鸬鹚飞翔,白鹭盘旋,古树偎依在湖边,一片宁静和祥和。

这是科伦坡城市的心脏。

就在贝拉湖岸线里,正在建设斯里兰卡的最高建筑:莲花电视塔,是中国人的骄傲。所有科伦坡人的目光,每天会注视着这个光荣与梦想的高度。

他们记住了中国。

他们感恩于中国。

就在贝拉湖的正对岸,那片依湖面海的土地,就是斯里兰卡人留给中国地产商的唯一宝地。他们从几千里地外飞抵中国,邀请我以中国地产商的身份,拥抱贝拉湖。

24小时前，斯里兰卡商务部部长亲临我的酒店，认真地向我承诺：斯里兰卡政府，将贝拉湖风景里最美的宝地留给中国的开发商，由中方提案、定制政策、全免税收。

第一次感受到什么叫"一带一路"；第一次体会到什么叫"中斯友谊"；第一次明白到什么叫"中国的力量"。

贝拉湖畔的这个早晨，斯里兰卡用最美的蓝天迎接着我们。

2

我在贝拉湖畔晨跑时，科伦坡的人见面就用熟悉声音向我问候：中国，你好！

贝拉湖的亲切，是在科伦坡人的笑容里。当地酒店的服务生，见到你，会习惯用中文与你招呼，微笑着表示对中国的友好。

贝拉湖的温暖，是在科伦坡人的心坎里。科伦坡的居民，会掏钱买华人开发的房子，却把印度发展商的房子晾在一边。

我一遍遍问：为什么？

答案是斯里兰卡人爱中国。

因为，斯里兰卡人知道，中国人的投资出于友好；因为，斯里兰卡人驾车，跑在中国人修的高速路；因为，斯里兰卡人骄傲，科伦坡最高建筑300米的电视塔，正由中国人在建造。

中国的影子，渗透到了斯里兰卡人的生活里。我行走于世界很多国家，这样的感受，还是第一次。

这个早晨里，我被贝拉湖感动。

3

  一群乌鸦从贝拉湖飞过，科伦坡人告诉我，这是他们心中的神鸟。

  贝拉湖中，有一座漂亮的木造楼阁，这是由20世纪知名建筑师Geoffrey Bawa设计的"水中庙"，像是一座漂浮在水中的睡眠寺庙。

  走在贝拉湖畔，我像穿越到20年前的中国。

  七分是幸运，三分是同情。

  幸运的是，当初我们曾经像他们一样纯洁与贫穷，得益于改革开放，得益于美好的时代，我们这一代中国人告别了贫困。

  同情的是，我看到许多斯里兰卡的朋友们，依旧生活艰辛。希望他们有一天，也能像中国一样让梦想变为现实。

  晨光映照着湖中央的甘嘎啦吗岛，"水中庙"显得有些神秘。科伦坡人信奉佛和菩萨，也相信友谊。

  我的斯里兰卡的好友，选择了首都科伦坡、选择了母亲河贝拉湖、选择了湖景第一排的风水宝地。想让我们在贝拉湖插上五星红旗，一个中国地产商留给贝拉湖永久的符号。

  我理解他的心思，并为之感动。就如纪伯伦所说：友谊永远是一个甜蜜的责任！

马其顿山的森林

朋友约我,去马其顿山。

在幽静的山径里行走,看风吹树叶,听鸟鸣啾啾,闻各色花香。

1

从墨尔本驱车60多公里,奔向马其顿山的绿色之中。

我喜欢原野,喜欢山。

可以很静很静地在树林里行走,甚至听得到自己的脚步声。城市水泥森林的压抑,会在这种人烟稀少的丛林里,回归平静。

什么都不想,什么都可以想。这样的时光随心而快乐。

马其顿山没有让我失望。

耸立在墨尔本平坦西部的这座山,虽然山顶海拔高度才1001米,却隽永而精美。自18世纪中叶起,马其顿山就成了富翁们的避暑胜地。

马其顿山的原始森林间,掩映着无数森林庄园和豪宅,我驱车在起伏的林间道上,迷恋着这些纯净的原始风光。

我向一位78岁的James老人打听美食,他开着心爱的时尚轿车，带我去一个叫"Mr"的餐厅，自豪地说："Mr"的餐厅在他年轻的时候就有了。

马其顿山的人爱这片土地。他们在这座山里种植很多会变色的树种，枫香、黄栌、鸡爪槭、银杏、杨树、榆树和蕨类植物。

James告诉我：再过两个月，秋天来临时，马其顿山就是一幅彩色的油画。

2

早就听说：秋天的马其顿山，是全球著名的枫叶王国。

夏日的马其顿山，草地、湖泊、树林、小径的那种和谐与优雅，依旧会让人留恋。

在目光的尽头，会有些彩色的小屋，星星点点地镶嵌在茂盛的林间坡地上，完全同赖特森林别墅异曲同工。

阳光，穿过古树照射在屋前的绿色草坪上，如此诗意盎然，与其说马其顿山是一片绿色森林，还不如说是一个巨大的天然舞台。

一代代马其顿山人，爱护着这片森林，传承着对这个山脉的热爱。

那个在1941年由Newton家族兴建的"林间空地"园林，1971年Cyril Stokes成为新主人后，在原有茂密的树林中创作了很多雕塑作品。到2011年，新主人司多克，将"林间空地"赠送给以他名字命名的慈善基金会，这个唯美的"林间空地"园林，开始向公众开放。

3

小鸟，随心地在草地上跳动，或者在林间飞翔。

野鸭,随心地在湖中戏水,或者在岸边游荡。

我感叹这里是动物世界的乐园,是山里真正的主人,自由、幸福和快乐!

马其顿山里,有许多美妙的声音,这些源于自然的声音,才是原汁原味的山间音乐。

我在马其顿山的提维塔拉花园,看湖泊中倒映的天空和云彩,水镜里莲花和木桥的图案,像是走在莫奈画中的世界里。

田园牧歌的生活。

山间林中的纯净。

风吹叶飘的意境。

再过几个月,马其顿山的秋季来临,枫叶红飘山谷的时候,这个色彩斑斓的世界,是一首诗。

等待秋季,另一个马其顿山的风景。

一封空中的致歉信

我登上浦东飞悉尼的CA175航班。

刚上飞机,空姐送上了巧克力和一封《致歉信》。

我想:一定是国航提高服务水平,关于空中管制、飞机误点之类的事,想取得乘客的谅解。

1

我错了。

是头等舱一位旅客的信。中英文的。

信的全文,不长,但很真诚——

各位爷爷奶奶、叔叔阿姨们:

晚上好!

我是一个刚满6个半月的小宝宝,在此向您们请安了!

今天有幸和您们同乘一个航班去悉尼,在乘机过程中也许会因为我的哭闹影响到大家的休息,对此我深感不安和歉意!

我妈妈会尽可能地安抚好我，请大家多多包涵！谢谢大家！

小宝宝敬上

2017年3月28日

红色的《致歉信》和爱心巧克力，放在我的面前，对于我这样一个常在旅途的飞行客还是第一次。

一次平常的旅行，变得有点不平常。

2

才六个月的孩子，第一次出远门，十多个小时飞行，即使在旅途中哭闹，也是正常的事。

这是一封不该致歉的致歉信。

我回头向那位带着年轻孩子的中国妈妈招了招手，像头等舱里所有收到信和巧克力的旅客一样，给了她注目礼，包括许多外国客人。

人在旅途，就是一个浓缩的人生。

我想起了"财富""文明""修养""教育""互爱"……许多的词。

这位年轻的中国妈妈，能带上孩子登上头等舱的国际航班，一定是经济上的成功家庭，这并不稀罕。如今，太多中国土豪家庭对此习以为常。

但面前这封预先准备好的中英文《致歉信》，不仅让人敬畏了文明的高度，更感动于如此多的远行准备中，对陌生同机旅客的礼貌、关爱和友谊。

我看到一位外国乘客与我一样，把这封《致歉信》放进了公文包，我相信，他一定也是在珍藏这次旅途特别的记忆，以及一位中国母亲对孩子的态度。

3

打开网络，关于中国富二代的红尘轶事，大多被人唾弃。我在写这篇微信前刚刚看了一篇关于贬骂王思聪的微博。

我不想评述这些现象背后的东西。但在走下悉尼机场的时候，飞机上的巧克力和致歉信、中国年轻母亲的印象一直在脑海里。

用伟大来形容她，有点夸张。

但我在祝福那位才六个月的婴儿，拥有这样的母亲，应该是他人生最大的幸运。

有其母必有其子。

这一代中国人，以财富的积累，引起世界的关注；

下一代中国人，应该用文明去征服世界。

那个仍被抱在母亲怀里的婴儿，应该是未来中国文明进程中的一分子，那封由他母亲代写的致歉信，既是他人生第一次远行世界的记录，也是他走向世界的第一次"胎教"。

中国梦，不是一句习惯的口号，会说不会做。

在这封像是平常的致歉信中，我看到了某种希望……

泪花闪亮的青春

澳大利亚灿烂的阳光,普照着的并非永远的度假天堂。

在这个南半球天地里,不少年轻华人有难以诉说的闯荡世界的故事。

1

我在墨尔本的这些年,因为地产职业的习惯,一直在双休日的时候,去市场调研采盘。

这次接待我看房的帅小伙子,叫陈伟,一个毕业于墨尔本大学计算机专业的研究生。

我在房产业打滚了几十年,一看他就是个销售新手。他与我交流的时间里,竟然没有发现我是市调的同行。

因为大家都是上海人,异国他乡相见,看完房,我礼节性地发了张名片给他。对于我这样没有明确购房意向的人,陈伟有些失落。

一天,陈伟电我,约在圣柯达路咖啡厅想见我。

面对面,他非常拘谨。不像昨天的他。这次,他称我"许老师"。

他上网查过我。知道了我是一个老地产人,而且,还是营销领域的一个行家。

一个小时的咖啡时间,非常坦诚的交流。我知道了眼前这个上海普通家庭的小伙,怀抱着闯荡世界的理想,来到南半球这个陌生的城市。生存所迫,毕业后只能先搁置原本的理想,临时当起了"房产中介"。

像陈伟这样的人,在墨尔本有很多。

我看着他。风华正茂的年龄,想起我自己也有个海归的硕士儿子。有了帮他的念头。

2

第二天,我在私人微信群,发了一篇关于墨尔本房产投资的建议文章。当天,有12个中国投资客回信,其中有3位春节正好在墨尔本旅游。

这对陈伟来说,应该是个莫大的喜讯。

我找来了陈伟,在QV大厦对面的咖啡厅。短短不到24小时,我给了他三个中国购房者名单。我看得出,这可能是他得奔波一年才会有的客户量。

他惊讶的眼光,与他的研究生的学历完全匹配不上。

那个时候,陈伟像失航的小舟看到灯塔,像沙漠的饥渴者找到水源。

他因为激动,声音有些颤抖。

"如果成交,我们分成,各50%。"

他微笑着,眼中闪着泪光。

3

几天后,陈伟突然出现在我墨尔本的办公室。

他手里拿着一个信封,拎着一个包裹。

信封里,有1.7万澳元,是给我的分成。他说这次靠我的资源销售了2套,分我50%的,是他向朋友借了先垫上的。

包裹里,有一些治疗胃病的保健品,想叫我带回上海。陈伟告诉我,他的父亲身体不好,这次挣了人生第一笔钱,想尽点孝心。

他说:"理想,有时只是一个安慰自己的故事;环境,会改变自己。"在墨尔本能生活下去,不是件容易的事。

窗外,澳洲的天空湛蓝而美丽。我看着眼前这个守信而有孝心的陈伟,说不出的一种感受。

我收下了那个包裹,退回了那个信封。

飘荡在乔治大街的琴声

人生有很多的相遇,常常会在不经意间发生。每每经过乔治大街,我总会想到那曾经飘荡的琴声。

1

中国的大年初一,乔治大街的一角,街边的小提琴声穿过城市干线的工地,吸引着稀稀拉拉的人群。

街头旁衣着随意的那个琴手,每拉一个曲子,他总会举起那把小提琴向大家示意。经过这里的路人,有的或者被他的礼貌感动,有些或许被小提琴的琴声触动,会随手扔下几个硬币。

他总会非常真诚地点头、微笑,甚至弯腰鞠躬,一种典型的西式谢意。

我在乔治大街上,听到过许多优秀的流浪歌手的演唱,看到不少的街头艺术的非凡表演。

我想,眼前这个小提琴手,应该又是一个有修养的艺术乞讨者。

2

  我不懂音乐,只知道他小提琴的旋律很美。音乐吸引着不少人围观,在乔治大街的风景里,他越来越像一个艺术家。

  我猜测,许多艺人之所以走向街头,或许就是为了寻找这种类似舞台的享受。因为无论世界任何地方,要成为一个演艺明星,都是万里挑一的梦。

  又一曲终了,掌声在街头响起。

  突然,一个年轻的女孩从人群里走出来,跪到了这个小提琴手的前面,她泪水盈盈地大叫:"伟大的Joshua Bell!音乐万岁!"

  人们惊呆了。难道他是Joshua Bell?那个世界顶级的小提琴家?

3

  是的。这就是Joshua Bell!

  Joshua Bell礼貌地扶起了那个女孩。这个悉尼大学音乐系的学生,应该是Joshua Bell的忠实铁粉。

  如果没有这位音乐系学生的出现,在场的人或许还会带着恩赐的心态,为卖艺街头的人扔上一些安慰费。

  也没人知道,Joshua Bell手里握着的那把小提琴,价值高达350万美元。

  肯定没人相信,Joshua Bell刚刚在乔治大街上演奏的 *A Whole New World*,是最复杂的当代音乐作品之一。

而在街头演奏前一天，他站在悉尼歌剧院伟大的舞台上演出，平均票价为250澳元，依然还一票难求。

前两个星期他在马里兰州音乐厅的表演，全世界的观众们为他疯狂，屏住呼吸倾听来自Joshua Bell演奏的最伟大的音乐。

4

大年初一，在南半球的悉尼，能这样近距离地听到Joshua Bell的免费琴声，虽然我不是音乐迷，但我依然感到幸运。

人们集聚在一起，越来越多的人呼唤着Joshua Bell的名字。

此刻，他在乔治大街上，没有灯光、没有舞台，面对普通的过客，我能体会到，Joshua Bell依旧十分用心地演奏和分享。

我不知，选择中国的大年初一，他放下原来可以在悉尼歌剧院每位250澳元的门票的身价，在这个城市人流最集中的街头，是否有某种含义？是否在向世界最庞大的人种，以音乐的方式传递他关于音乐艺术的分享。

我敬仰他的朴素而伟大的表达。

我想，一个顶级的艺术家，他心中的音乐，除了舞台和观众的掌声，还是更宽广的意境——心灵的分享！

雨果说：世界上最宽阔的是海洋，比海洋更宽阔的是天空，比天空更宽阔的是人的心灵。

音乐，可以是垃圾。

但也可以是珍宝。

以婴儿的名义呐喊文明

我没想到,我的那篇千字微信《万米空中的致歉信》,被无数公众号转发后点击量达500多万,引起如此大的反响。

我没想到,六个多月的上海婴儿吴奕霖,他那张薄薄的红色纸片,会飞到美国、英国、澳洲,飞到世界各地许多成人的心里,成为许多人关注的话题。

我没想到,网络世界如此奇妙。在茫茫人海里,吴奕霖的父母竟然找到了我,在悉尼情人港的一个周六的早晨,我们有了关于《致歉信》的这个咖啡时间。

1

3月29日晨,当我走下CA175航班云梯的时候,并不知道这个婴儿的名字,更不知他随机飞行的母亲叫什么。

熙熙攘攘的人流里,拥挤在与陌生人为主的世界里,有些事如流星般消失,有些事像镜子一样亮着。

那封红色的《致歉信》和Lindt牌巧克力,本来显得简单而普通。但穿越了我的心。

我想把如此细小的飞行故事变成文章,发于网络的时候,不仅仅是我第一次在空中遇见,还因为作为人之父的我被普通的文字感动了心;因为听到了以一个婴儿的名义向文明的声音;因为体验了这个世界里实在缺失那些陌生的问候;因为无数个因为。总觉得,这是一个还不会言语的婴儿,在向成人世界上了一堂课。

确切地说,还有他年轻的妈妈,一个融入两代人与世界对话的故事。

悉尼达令港的BBQ沿湖咖啡厅,我第一次认真打量这位年轻的妈妈,一位典型的上海女性。

我把《致歉信》发出后的反响告诉了她,告诉她那封看似平常的短信,被网络世界复制了几十万份,我简短地把存于我手机里的一些评论让她看:有欧美同乡会的、有澳洲华人商会的、有西安战友会的、有上海新闻协会、街道里弄大妈群的……

她静静地看着,有些腼腆。

她说她是一个普通的80后,一个地道的上海女人。只是,现在是一个孩子的妈妈,比以前多了些责任。

她说那封信平常得像聊天说话一样,没有想过有这么多人来关心。

平常,一个非常值得思考的词。

我想起了宋代思想家张载的"横渠四句":"为天地立心,为生民立命,为往圣继绝学,为万世开太平。"

道德、尊严、人格,应该是一切修养的起点。

2

我看着那个叫吴奕霖的孩子,在阳光下微笑着。这个中国血统的婴儿,此刻正在悉尼的天空下面对世界。

他幸运地出生于中国,幸运地来到这个家庭,幸运地遇上了这样的母亲。在他人生第一次飞越南半球的那个夜晚,那封致歉信成为他与世界交往的起点和纪念。

落地而生的那一刻,就如吴奕霖一样,所有的孩子都是一张很纯很纯的白纸,在慢慢成人的时光里发生着变化。

修养、文化,不是压在箱底下的文凭,用来炫耀的资本。有时,不是你经历了多少故事,不是你存款上增加了多少数字,而是由一点点非常平凡的小事,堆积而成的与世界相处的方式。

我注意到了那封《致歉信》的三个细节。

信是中英文书写的。

我相信这不是孩子母亲英语水平的作秀,而且以另一种方式,在告诉许多高鼻子蓝眼睛的西人们,现在的中国、现在的中国人,变了。正在一个文明的世界里,用文明的方式面对一切。只是,这条要走的路,还很长。

信是红色纸张印刷的。

我因此相信,在远涉重洋繁多的事务中,这张薄薄的纸,并非他们在家庭电脑里随手而成的应付。这位母亲在抱着孩子走进头等舱的那一刻,除了享受物质世界外,没有遗忘精神世界里人们需要留存的那种谅解、互爱和美好。

信是代孩子写的。

小爱于家是天生的,大爱于世是要努力的。

我们这一代以财富赢得世界的关注,而下一代唯有文明方可征服世界。

"养不教,父之过。"财富的积累让许多社会文明发生病变。每一个母亲,对孩子来说,其实都是社会文明的医师。这封代为6

个月婴儿写的《致歉信》,与其说是飞行旅途中的小事,还不如说是一次真正的精神胎教、文明宣言。

3

我与吴奕霖年轻的父母在达令港的风景里,聊着关于《致歉信》背后的故事。

关于上海女性与修养、关于父母与教育、关于中国与世界、关于快乐和幸福、关于文化与道德,还有我们这一代中国人特殊的年代和使命。

吴奕霖的母亲告诉我,孩子生性好哭,CA175航班从晚上8点起飞,11个小时的夜间飞行,我真的怕哭声影响同机乘客的心情,真的怕因为孩子降低这么多人"头等舱性价比",真的怕那个本是安宁的旅程变得烦躁。

那个晚上,整整11个小时,她枕着吴奕霖一夜没睡,就如在《致歉信》中那句"妈妈会尽可能照顾好我的",虽代为婴儿而书,却以身践行诺言。

我所以用《万米空中的致歉信》为题,是因为11小时飞行,6个月的吴奕霖竟然没有哭过,不是孩子乖,背后是母亲的付出。

其实,我真的期待着孩子哭声的出现,去体会一次《致歉信》的反作用力。

那哭声,一定是很美丽的。

4

我说想写个《致歉信》续篇,不是让道德之旅的故事画个句号,而是让现代文明的意识重新起步。

这对80后的上海夫妻有些感动。

吴奕霖的父亲正在澳大利亚的天地里打拼。他告诉我,母亲是原来上海卢湾区的老党员,是人生的第一个老师。他在西方世界里生存,许多的精神依托源于上海的母亲。他不知道未来世界里,吴奕霖会如何面对人生,但这个中文名会伴随他一生,无论富贵或贫穷,希望他是一个有修养的人。

修养,应该是文明的遗产。需要一代代人去继承。

桃源至今不可得,自种桃花在门前。

我在与吴奕霖夫妇握手告别的时候,他们留给了我一句话:我们只是一个普通的家庭,我们做了件普通的事。

我不想以伟大来比喻他们的心胸,但想说:普通,是一个脊梁,会撑起一个真正文明的中国!

05 卷五
致友人

生命的历程中,友情是奢侈的财富。

相遇是一份缘,是人生最美的风景。

我把友情视为一面镜子,整理着面对世界的容颜,在时间的轴线上,寻找越久越新鲜的那种滋味。

霍克：中国的好朋友

我选择了在乔治大街一家朋友的中国餐馆，约霍克先生会餐。

这是我第一次以一个普通的中国人的身份，与一个世界大国曾经的总理，特殊的单独聚会。

1

一头白发，黑色西装，条纹领带。87岁的霍克先生，以习惯的西方礼仪，微笑着同我握手。

我用并不流利的英语向他问候。

他说："我有很多华人朋友，习惯了这种中国式英语的语调。"

霍克先生是个中国通。在北京申办2008年奥运会的过程中，他作出了重要的贡献。他曾在1989年提出著名的"汉城倡议"，被誉为"APEC之父"，并竭力支持中国加入APEC组织。

1978年，中国开启了改革开放的历史进程，正是在这一年，霍克首次到访中国。

席间，他边熟练地用着中国筷子进餐，边感叹地聊着见证中国30多年的巨大变化；聊着一百多次访华的种种感受；聊着同邓小平等多位中国领导人发展了良好的个人关系的快乐；聊着他力主澳大利亚同中国建立发展伙伴关系的那段历史。

霍克先生说："中国是除了澳大利亚之外，让我投入最多感情的国家。"

我举起酒杯，向这位伟大的长辈致敬。

霍克先生说："我腿脚不便，大家不必起立。好朋友间应该平等相处才好。"

他总是这样谦虚而真诚。

2

我惊讶，一个87岁的老人，依旧如此思维敏捷。眼前的霍克先生，不仅风趣，而且传奇。

作为1983年至1991年期间的澳大利亚总理，霍克至今仍保持着总理支持率75%的最高纪录。

作为亚太地区政界领袖，他推动了亚太经合组织的成立，被称为"APEC之父"。

作为一个普通人，他还有一个让澳大利亚人至今津津乐道的身份，在11秒喝完了3550毫升啤酒，成为该项目的吉尼斯世界纪录保持者。

好友告诉我："霍克先生喜欢中国，也特别喜欢上海。"

席间，霍克先生风趣地说起了他的上海故事。他说："我在1984年曾表示，认可中国在本地区和世界的重要作用，应当是澳大利亚外交政策的核心。就在那一年，我首次以总理身份访华。那次访问后，澳大利亚就在上海设立了总领馆。上海是一个伟大的城市,有我很多的中国朋友。今天起,又多了你一个。"

我第一次感受到一个曾经的政府总理,一个风云国际政坛的领袖,如此平易近人,又如此关注中国。

那个时刻,我在这个原本陌生的南半球国度里,为祖国感到骄傲,更被眼前这位友善的国际老友感动!

3

我说起了时代巨大的变迁,改变了我们这代中国人的命运。

小时候,我在家乡的那个小村里,曾经捧着澳大利亚的风景照,梦想有一天会飞到南半球的海边旅行。而今天,曾经是一个普通的中国孩子,我能与这个曾经的大国总理,面对面坐在一张餐桌上私聊,像是一场梦。

霍克先生点头,理解我此刻的心情。

他说了一句:"世界在变,中国在变。这一切,你们应该感谢邓小平先生。"

他回忆起1985年,作为澳大利亚总理第二次访问中国时,在人民大会堂与邓小平的见面——

"邓小平是一个有人格魅力的领袖,智慧,自信,坦诚,但又不自满自大。那次,邓小平先生告诉我,在中国要实行改革开放。他向我介绍了中国21世纪的发展战略,并提出中国要分三步走,逐步实现小康生活水平。"

"我看到的那个年代的中国,确实很贫穷,但我坚信,中国有这样一位引路人,将来肯定能成为世界强国。我答应他,澳大利亚会竭尽全力帮助中国发展。"

那个时候,我的眼里泛出了泪花。我从这位慈祥的老人身上,感知了作为一个中国人,因为一个时代的机遇,才改变了我们的一切。

4

悉尼的冬天,窗外有一丝寒冷。而餐桌上的气氛,温暖了我的心。

我开始把霍克先生从曾经的澳洲总理,看成是一个善良的老人和朋友。他认真地叙说着,关于过去,关于中国,关于澳洲,关于世界……

从政界退出后,霍克先生一直在中澳两国交往中扮演积极角色。他曾是博鳌亚洲论坛理事会成员,数次出席论坛活动。

2014年6月4日,他在澳大利亚全国新闻俱乐部发表演讲时表示,如果没有中国,澳大利亚的经济不可能像现在这样强大。澳大利亚不应该让某些问题影响到澳中两国的贸易关系。

霍克先生的观点,震惊了世界,也因此有了中澳关系的蜜月期。

我举起酒杯,祝福他"健康与快乐"。

霍克先生加了一个词:"友谊"。

这,不是批注。

是有着87年经历的老人,对人生另一种感悟与境界。

谢谢您,霍克先生,以及您对中国的友谊。

李宁：一切皆有可能

李宁小我一岁。

我在大学读书的时候，李宁正在世界体坛上拼搏。他和中国女排，是20世纪80年代民族的英雄。

那个时候，我一直在电视里收看他的比赛，李宁是心中的精神偶像。

因为健力宝的缘故，我们成为朋友。20年中，我近距离接触了神坛背后的李宁，点点滴滴，开始体验他"一切皆有可能"的真谛。

1

在许多人眼里，李宁是个幸运儿。

在体育生涯，李宁18岁进入国家队，19岁成为世界体操史上首位单次获得6项冠军的运动员，21岁时在洛杉矶奥运会上被誉为"体操王子"。他曾摘下14项世界冠军桂冠，成为"20世纪世界最杰出的运动员"。2008年作为第29届北京奥运会主火炬手点燃圣火。

在转型创业领域,李宁品牌开创了中国体育用品品牌经营的先河。2004年,李宁公司在香港联交所主板成功上市,成为第一家在中国香港上市的中国体育用品公司。2018年2月,李宁品牌亮相纽约,成为首个登陆纽约时装周的中国运动品牌。李宁因此多次当选CCTV中国年度经济人物、中国最值得尊敬的企业家。

远距离看他,李宁像一个光环。

近距离接触,李宁是一个苦行僧。

我看着李宁一路泥泞地走过来,每次坐在一起时,总能体会到他不断地在坚忍不拔地创新、探索。

他不断地在与时间赛跑。在他热爱的体育用品领域,用日渐花白的头发,兑现"一切皆有可能"的承诺。

2

我可能是他无以计数的朋友中的一分子。

但每天打开微信的时候,我会习惯点开他的微信,无论顺境或逆境,我总能从他的身上汲取正能量。

就如再优秀的运动员也会在赛场上面对挫折,李宁的创业道路并非一帆风顺。

2011年,"李宁"公司出现了大量库存积压。2012年,迫于经济压力,"李宁"公司大量裁员关店,年亏损近20亿元。2012年到2014年,"李宁"公司总计亏损超过31亿元。公司管理层内部发生动荡,大批中高层人员离职。

我看到了许多让人担心的负面新闻,但每每见他,李宁从不把怨言挂在嘴边。

他永远那么冷静,勇敢。

在内忧外患之际,早已退居幕后的李宁,宣布重返管理一线,亲自挑起复兴"李宁"这面大旗的重担。

那四年,是一个艰辛磨难的历程。

2018年2月,在纽约举办的时装周中,"李宁"作为参展唯一的国产运动品牌,其新颖独特的造型设计,"番茄炒蛋"的颜色搭配,"中国李宁"四个铿锵有力的大字,在秀场中一鸣惊人,燃爆全场。

一夜之间,李宁从运动界的大佬摇身一变成为了时尚界的宠儿。"中国李宁"这个话题瞬间刷爆社交网络,产品曝光结束的四天内,"#中国李宁#"微博话题讨论阅读量达7800万,微信上出现了19篇阅读量超过10万的热门文章。

那个时候,我在微信里向他发了十个点赞。

我看到,从纽约时装周的一鸣惊人到巴黎时装周的大胆呐喊,是李宁新的改变和突破。

我看到,磨难是一部书,李宁背后是中国人不屈不挠的性格,去寻找改变世界的力量。

一切皆有可能。

李宁,是我们这代人励志的故事主角。

3

年轻的时候,为了国家的荣誉,李宁无法像我们一样,静下心来在大学里读书。

告别体坛,他饥渴地学习,先后拥有北京大学法学学士学位、工商管理硕士学位、英国拉夫堡大学技术荣誉博士学位以及香港理工大学荣誉人文学博士学位。2010年6月，他获颁授香港科技大学荣誉院士。

他从不沉醉于过去。

他绝不随风飘流。

早在15年前，我们在上海黄河路美食街夜宵时，我曾建议他做些房地产，至少凭他的人脉，会有不小的经济收入。

他摇头。

他只做自己喜欢的事，做自己能做的事。

后来，我去了他北京非凡中国的总部，再次劝他，"许多社会名流，都在房地产里获取了巨大的收益，你何不去尝试"？

他还是否定了我的建议。

我相信，一定有无数的朋友，给过他无数的建议和诱惑。这些年，他永远不变的，是坚定地在自己的轨道上前行。

李宁被人欣赏的，正是这种始终如一的人格魅力。

4

我多次参加李宁体育公园的策划。从事地产这些年，李宁是极为另类的一个企业家。

春天的一个周末，在朱家角古镇的茶室里，李宁带着他的团队，与我讨论关于运动、关于时尚、关于生命的话题。能协助他做点事，我等了很久的时间。

一个月后，我给了他近万字的建议报告，他认真读完了我的文字，并约我在深圳面议。

他的认真与谦虚,感动着我。

夕阳西下的时候,天空泛起火红的霞光,李宁握着我的手感叹地说:"此生与体育有缘,一个人在生命的历程里,能够踏踏实实做好几件事,不愧对养育我的国家,不愧对这么好的时代,足矣!"

一切皆有可能。

是的,生命是有限的,但李宁缔造的一个精神时代,不会消失。

谭盾：天顶上的一滴水

在上海朱家角水乡，中国音乐大师谭盾有一个老宅，叫水乐堂。

谭盾邀请我，去聆享他的"天顶上的一滴水"音乐之夜。

1

我是在夜幕降临的周末黄昏，踏着江南水乡河畔的青石路，叩开了水乐堂的老宅门，走进谭盾先生的音乐世界里。

一个月前，我在悉尼歌剧院看过他指挥的《女书》音乐会，那是围绕女性、自然、艺术、生命的一场"谭盾自白"。

我记得全场的澳洲朋友们，一次次起立，用掌声吞没了歌剧院之夜。比起流行歌曲的感受，谭盾的音乐更穿心。

原籍湖南的著名旅美作曲家谭盾，有很多以"水"为元素创作的"水音乐"，被称为"世界的眼泪"。像著名的《永恒的水》，以"水"为元素，以"水"为乐器，以"水"为音乐的"水乐"。

谭盾常设于朱家角的水乐堂剧目"天顶上的一滴水"，更是围绕水元素为主的一场具有生命哲学深度的音乐会。

生如梵唱之静谧,止于夏花之灿烂。

它交织着现代与古典、东方与西方、佛门与尘世,以及生存与终极。

2

谭盾特别偏爱水。

他的眼里,"水有生命,知道一切"。

有一天,他临水工作时,一耳听巴赫,一耳听禅声时,萌生了创作"天顶上的一滴水"的冲动。

我坐在水乐堂的木凳上,近距离品味他将建筑、音乐、灯光与水的极致融合的艺术盛宴!

水从河上流到屋里,观众围坐的一池水面,那就是"水乐堂"的舞台。在江南古镇的老宅里,能听到"天顶上的一滴水"引出的禅声与巴赫;能看到水摇滚与弦乐四重奏的撞击,还有琵琶的轮音与人声的吟唱。

水乐堂里音乐是看得见的,建筑也是可以演奏的乐器。石头可以倾诉大自然的乐音,地板可以奏响奇妙的节奏,敲击钢墙柱,会听到神奇的旋律。

一个能吟唱的建筑。

一幢会说话的老宅。

一滴天顶上的水。

在动与静之间,水在倾诉,水在歌唱。这是绝美的原创音乐,可以穿透你的灵魂。

谭盾,无愧于音乐大师的美称。

3

我佩服谭盾先生在音乐原创时的巨大磁场,可以让像我这样原本缺乏音乐修养的人,尽享快乐,可以让不同国度和肤色的人群,共同融入他的音乐世界里。

我在接待一个澳洲重要的访问团时,想到了水乐堂和谭盾音乐。

谭盾欣然答应:做一场"天顶上的一滴水"专场演出。

水乐堂外的原始河流与厅堂内的水池,在晚霞和灯光的映照下,如诗如画迎接着南半球远道而来的外国朋友。谭盾亲临现场用娴熟的英文讲述着关于水的故事和感受。

那些不经意间锤击钢柱的回声,演员席水而坐的手中戏水,河对岸佛寺僧人晚课的梵唱,踏水抚琴飘散的音乐,琵琶与四重奏的交响合成,实在让人流连忘返。

当老宅顶层的天眼里,一束水从四五米高处缓缓而降,水幕下或以水筛筛水,或敲击水鼓,周边一片澄明,唯余水声叮咚。乐手们再次在水中踢水抚弦,帅小伙复以红绸击水,女高音唱出如画的诗句:"空山新雨后,天气晚来秋。明月松间照,清泉石上流……"

繁华演尽,复归于静谧。

外国朋友们起立、敬礼、鼓掌。他们此行中国,最终生难忘的,是谭盾音乐、是水乐堂"天顶上的一滴水"。

我终于明白音乐无国界的道理,谭盾之所以荣获奥斯卡原创音乐奖的缘由。

4

在墨尔本的餐桌上,在悉尼乔治大街的林荫道,在上海朱家角的乌篷船,在湖北蜡梅谷的山林中,谭盾的出现,总会带来不同凡响的笑声和快乐。

他的幽默和豁达,他的才华和真诚,连同他对音乐艺术的热爱,就如"天顶上的一滴水",召唤着人们去思考生命的意义……

刘英:遨游在唢呐帝国

一把普通的唢呐乐器,因为上海音乐学院副院长刘英教授,铸造成了新的音乐帝国。

他把中国乡村的民间唢呐,带进了上海音乐学院神圣的学府;

他让华夏散失的唢呐之音,在世界舞台上成为惊艳的东方之宝。

他独创的"刘氏唢呐艺术",以中国人自己的文化根植于乐坛。

1

一个伟大的时代,让我们这一代人有太多的共同点。

我在阅读刘英唢呐王国故事的时候,看到了许多自己的影子。

我们几乎是在同一个时期,从外地的小村来到上海,来到大学校园开始了解另一个世界;我们都在非常年轻的时候,大学毕业后留校。

现在,各自做着自己喜欢的事。

共同的经历,我阅读刘英的故事,并不仅仅因为他如今是著名的上音副校长、中国唢呐第一人、多届上海市劳模、硕士生导师,还有许多全国性的学术职务。他的神奇的经历里,浓缩了许多我们这代人的中国时代,所以在我们一起聊天的时候,有许多共鸣,互相分享。

我们特别地幸运,在中国历史性变迁的大时代里,催生了我们各自的成长;也在以行动改变着自己,感恩这个时代。

只是,他在用音乐表达,而我行走在房地产的路上。

2

我这样一个不懂音乐的人,在听刘英那首唢呐曲《一枝花》时,同样被他的旋律而感动。

那种力量是穿透心灵的。他把安徽农村乡间田头的民间曲调,带到了上海,带到了上海音乐学院的神圣学府,带到了金色维也纳大厅的世界级舞台。在豪华的钢琴面前,一把不起眼的中国唢呐,就在这跟着父亲学艺的刘英手里,在日本、在法国、在维也纳等国际音乐界引起震动,许多人称之为"刘英奇迹",刘英却一直说着一句话——"中国奇迹"!

我不想用"胸怀"这种有政治色彩的词,赠予他。

我十二分地理解他,如果没有高考来到上海音乐学院,他不会成为"文革"后第一批唢呐专业的本科生;如果没有开放的年代让他走出国门,他不会举起唢呐与交响乐同台;如果没有中国的强大让他挺起胸膛,他不会以"中国唢呐第一人"的身份到世界各地演奏;如果没有这无数的如果,刘英的那把唢呐,可能还是在小村里的一个消磨时间的玩具,他或许只是一个逢年过节、红白喜事的"小吹班"。

感恩,这个普通的中国词语,陪伴了他30年的音乐人生。他与许多同龄的中国人一样,在感恩这个时代。我信,刘英捧着国际音乐大奖时,把这一切归于"中国奇迹",是发自内心的。

3

我们聊起关于一个崛起的中国,关于我们这一代人的幸运与责任。

像一个多年的老友,一起回过头看过去的脚印。

刘英也不例外。刘英从儿时随父亲刘国熙、安徽艺人刘凤鸣学习传统唢呐技艺开始,到上海音乐学院老师杨礼科学习山东唢呐曲目,从远涉东北寻访唢呐名师王选作而创作《正月十五闹雪灯》的唢呐名曲,到拜访中国唢呐名家刘炳臣寻找技艺真传,刘英在学院派学习之外,获得了中国唢呐技艺丰富的民间真传和营养。

在刘英唢呐艺术之林里,开满了中国音乐的花朵。

著名作曲家朱践耳,精心为刘英创作了中国第一首唢呐协奏曲《天乐》,并由著名指挥家陈燮阳亲自指挥。这才有了以刘英为代表的中国唢呐音乐艺术走向海外的今天。

我没有仰望眼前的刘英。

但为他30年始终如一的唢呐艺术追求而感动。唢呐音乐不是刘英的专利,而是中国传统文化和文明的一个窗口。如今,他的一批年轻学生王昆宁、刘雯雯等已成为蜚声国际的唢呐名家。在全国许多著名的音乐学院,他的学生已经在高等学府开始为"刘氏唢呐音乐"接力。例如:中国音乐学院唢呐老师张倩渊、武汉音乐学院的唢呐老师张云山、浙江音乐学院的唢呐老师杜竹松、上海民族乐团的胡晨韵。其中胡晨韵还是中央民族乐团、中央民族舞蹈团等的演奏家。

刘派唢呐艺术,属于中国。

隈研吾：撕开建筑的硬壳

我是在那本《撕碎建筑的硬壳》的书中开始了解隈研吾的。

我一直记得他非常经典的那句名言："如果自己没有要在这个家里跟房子一起老朽、死亡的意识，那就不能算是在这个家里居住过。那是与大地紧密联系在一起，有着移都移不动的分量，不忍轻易转让给他人的东西。"

1

我约了隈研吾先生，在韩国济州岛的项目现场见面。

这位世界级著名的建筑师，曾获日本、意大利、芬兰等国之建筑奖。在业界被称为"负建筑""隈研吾流"；他的建筑作品以自然景观的融合为特色，运用木材、泥砖、竹子、石板、纸或玻璃等天然建材，结合水、光线与空气，创造外表看似柔弱，却更耐震的特点。

几天前，我专程去了日本长崎，在隈研吾的故乡，体会他设计的长崎县美术馆的风采。这个长崎海港旁的唯美建筑，以它独特的建筑线条感动了我。

我读过他的《十宅论》《负建筑》《再见，后现代》等著作，隈研吾建筑创意的光芒，提醒着我从建筑生命的视角，去理解房地产。

我一直很敬仰在博大的建筑世界里，可以鹤立鸡群的伟大建筑。因为真正优秀的建筑的问世，并不是有多少投资的规模，而是优秀的设计师如何赋予建筑以灵魂。

2

韩国济州岛美丽的山体、森林和大海，围合着我的那片土地。

隈研吾带着助手从机场走出来，一身黑色的风衣，直接到了基地现场。

陪同我前往济州岛现场的，有上海现代艺术家米丘先生、济州大学建筑系教授金泰一先生、济州建筑审议委员玄俊出先生，还有上海连合房产董事长卫平先生。

济州岛的初冬，有些寒冷。穿越丛林、跨越垄土、踩着草丛，隈研吾先生不断与我交流。他谦逊而平和，仔细察看着红线内的树木、道路，包括与土地边界关联的一切。

对产品的尊重，首先源于对建筑设计师的尊重。能邀请隈研吾大师参与规划、建筑设计，实在是一种幸运。

我希望他能在我们这个济州岛的土地上，再一次撕开建筑的外壳，缔造一个全新的自然的、生态的建筑空间。

3

六点的太阳，在济州岛山房山旁的海面上慢慢落下，血红而多彩,浩瀚的海面像一幅油画。

61岁的隈研吾先生,站在我们济州的土地上,像是道特别的风景。

我想起了他的代表作——高柳町社区中心。那幢圆形的村落,带有茅草的屋顶符号,这个"雅致柔和"的建筑,用当地手工制作的和纸为材料,双层的和纸代替了玻璃和铝板,让"脆弱材质"散发出巨大的潜力。

他的到来,有一种天性的力量,在鼓励着我们。他带着他的助手们反复地在基地现场观察、讨论,与我以往接触的建筑师不同,他非常诚恳地听取我们对项目的希望、理解和想法,不带一点做作和骄气。

我开始明白:一个伟大的建筑师,除了对设计技术的把握,还需要一颗真正热爱作品的心灵和品行,需要真正源于内心深处对建筑的热爱,需要始终如一地对自然的尊重。

4

多年前,在上海番禺路"Z58水／玻璃"作品前,在北京"长城下的公社""三里屯SOHO"建筑前,我曾惊艳有那样美丽的线条、色彩、视觉、体验出现在建筑之中,后来知道,这些都是隈研吾先生的原创作品,是他"让建筑消失"的至高境界。

看似随心,实则精雕;无意之间,流云如水。这就是隈研吾作为世界级建筑大师的至高境界。

建筑是没有国界的。

我们围坐在一起。我说起了从上海到济州岛这片土地的梦想,隈研吾颇为感动,他答应,在这片背山面海的土地上,用他对建筑的思考,去注释关于环保、关于生态、关于自然、关于空间,甚至关于音乐与生命、关于生存与心灵的许多话题……

邱启敬：雕刻狂人

我的艺术家朋友圈里，雕塑艺术大师邱启敬，是非常特别的一个。

我是艺术的弱智，他是艺术的奇才。但在日积月累的交往中，触及他那些令人感动和震撼的作品后，我开始从另一个角度，敬畏人性的精神力量。

1

如果说有天生为艺术而生的人，邱启敬肯定是一个。

在北京郊区的创作工作室，他带我在他的作品展示馆里，叙说着每件作品的根脉与源头，从隐居深山老林与世隔绝的寻宝传奇，到三天三夜不吃不睡的创作历程。眼前那几千件风格各异的当代艺术作品、雕塑作品、工艺美术主题作品，是他生命里最辉煌的世界。

我第一次如此近距离地穿梭在他的艺术空间里。

平时不善言辞的邱启敬，只有走进他的艺术时空时，才如此滔滔不绝地诉说着内心波澜壮阔的世界，那是一种对艺术近乎疯狂的爱。

他对艺术载体具体属性的透彻领悟与直观表现,是一种与身体无关的内在力量,原本沉睡的形象,在他轻松的解剖中,从艺术载体自然外表的禁锢中解脱释放出来。

一个真正的艺术大师。

我翻阅过许多关于邱启敬的介绍,几乎找不到那些不着边际的理论。他习惯让惊艳的作品,不断地从自己的脑海里、手里,来到这个世界,去漫延艺术的活力、动力和生命力。他总是文气地站立你的面前。像一棵香樟树,散发着自己的气息。

那是一种特殊的境界,修养成的习惯。我这个原本与艺术无关的人,面对这样一个真正的艺术家,开始有一种敬畏。

2

罗丹有个雕塑,叫思想者。

邱启敬,就是一个思想者,一个以雕刻来表达人生的大师。

生命的诠释里,邱启敬融入了许多佛系的元素。恶与善、邪与正,凝固成他心灵里一尊又一尊惊世之作。

他既不刻意追求当下主流创作样式,也不会一成不变地接受传统观念。他总是在自身特立独行的艺术活动中自然嬗变,像一尊吐丝的蚕。

这是他性格决定的一条艺术之路。

他的作品具有强烈的渗透性,表露对传统工艺中僵化的形式主义的蔑视和挑战,你随时可感悟到,他在以一种人文精神和文明传承,寻找形式上的超越。

艺术作品,是他活着的另一种生命力。

邱启敬永远不会给人以暴力倾向的狂暴者的印象,然而他的作品让人感叹人性潜藏的未知。

难怪,他创作了一系列关于人性和权力思考的雕塑作品,非洲式的人族迁徙《看啊·这个人》或是《后侏罗纪》的恐龙战争等等,是来自对人性人权思考的赤裸表达与现代主义恪守的"本体纯粹性"崇尚。

他竭力在把深奥变得简单。人们很容易读懂他的艺术。美,应该是一种非常裸露的东西。

3

艺术是鲜活的,像早晨的阳光。

从福建的贫困乡村到中央美院的艺术殿堂,从少年时的耳闻目染到站在雕塑艺术的风口浪尖,邱启敬以独立的艺术思维,从不向平庸妥协。

他的每一件作品,不同的人群,在不同生活经历和不同的世界观背后,可以有不同的感受。这是邱启敬对艺术的独特的表达方式。

在西泠印社十周年庆典秋拍"和光同尘Ⅲ·邱启敬玉雕作品专场"拍卖中,邱启敬的作品《极乐世界》白玉雕,以6400万元人民币创下全场最高、也是当今中国白玉雕拍卖最高两项纪录。

他淡漠掌声和财富,静静地把自己封闭在自己的雕塑艺术天地里。

这个有些浮躁的世界里,站在邱启敬面前,会被他作品的光芒映照,像是重新沐浴生命的精彩和宁静。

这种宁静和纯粹,是身心愉悦的审美视觉,穿越而过的人生体验,即使是世俗琐事,也诗意闲情。

浅得如此一眼望穿。

深得那样神不可测。

4

无锡古运河畔那个白墙青瓦的"和光同尘艺术馆"开馆时,他邀我前往。

我作为第一批走进六度空间的欣赏者,惊艳地看到了邱启敬十年创作而成的宏大宝玉石个展。

他的天才,属于艺术。

邱启敬把六种宝玉石和雕塑艺术融合于一体,从中国思想的经著典籍《黄帝内经》《山海经》《心经》中创作意化形象,到生命的人性观禅意,他巧用宝玉石特性,精雕出六度空间。这六个空间是层层推进的一个轮回的关系,以生命作为隐藏的线索,把作品组成一个有机的整体。

我找不出一个合适的字来形容眼前的邱启敬。

一个痴迷于雕塑艺术的疯子!

他的纯净,是佛缘给予的熏沐。

他的淡定,是风雨人生的宁静。

他的快乐,是没有世俗的享受。

他的迷恋,是雕刻世界的诱惑。

他的自由,是我行我素的境界。

迈克：麦琴根的天才钢琴家

我一直关注着好友David的儿子迈克（外文名：Animenz），一个天才动漫钢琴家。

他，应该是我交往圈里最年轻的一个。

1

德国巴特乌拉赫是他的出生地。

迈克在麦琴根的小镇上，原野、蓝天、小鸟、自由的生活，他的生命里注入了钢琴。不是喜欢，是热爱。

毕业于德国Rostock音乐和戏剧学院的迈克，以他的音乐天才，独特的诠释，让动漫音乐开始流行而成长。传承、叛逆、创作、个性，成为年轻的迈克之灵魂，也吸引着世界各地青年的心。

他的钢琴演奏在YouTube视频网站，粉丝数量169万人，作品点击量超过3.5亿，国内著名视频网站bilibili也拥有135.5万庞大粉丝群体。他原创的动漫音乐有近200首，6600多万的点击量。

帅气，是他的外表。

稳重，是他的气质。

激情,是他的修养。

2

因为音乐,因为动漫,因为钢琴,有着华裔血统的迈克,缔造了一个关于"麦琴根天才钢琴家"的传说。

6岁,德国"Jugend Musiziert"全国钢琴比赛中,第一场参赛便位至榜首,尔后持续多年。

17岁,迈克应罗马尼亚交响乐团邀请,在德国和罗马尼亚两地公演贝多芬第三交响曲,进入公众视野。

连一贯以严谨著称的德国钢琴家诺尔(Noll),都破例称赞迈克为音乐才子。

迈克的成功,是将年轻和幼稚抛弃,随心地在热爱的音乐领域奔跑。

我和他的父亲David一直聊起迈克。是他选准了一个全新的角度:动漫+钢琴=迈克。

2009年,他对动漫钢琴的饥饿,变成了欲望。从那时开始至今,改编了180多首动漫钢琴曲,将古典与动漫嫁接,让贝多芬、肖邦存活在了动漫钢琴的天地里。

年轻的迈克,已成为名副其实的世界动漫钢琴改编第一人。因此成为许多年轻人心中的标杆。

3

迈克在中国台北、在日本、在新加坡、在马来西亚吉隆坡许多的演奏会都邀请过我。

当我无法前去时，我收到很多感动的现场照片，那是青春、钢琴、动漫、音乐汇成的世界，甚至有些狂热。

我觉得迈克是属于世界的。

2017年10月6日，迈克的"Animenz Live 2017"动漫钢琴澳洲巡演首站在悉尼。

我应邀走进悉尼Chatswood艺术中心演奏大厅。

我坐在离他仅五米多的座位上，聆听迈克的动漫钢琴，他的父亲David陪着我，讲述着每首曲目背后的含义。

我注意到近千人的艺术大堂里，清一色的年轻男女，几乎都在他指间的节奏里舞动着手中的灯棒，不少人闭着眼睛摇头和应着音乐的节奏。

我第一次感悟动漫音乐有如此穿心的力量，勾勒着他们特别的精神世界。

这个场景令人感动。

粉色灯光下的麦克，阳光、诚挚、闪耀，他之所以能成为孩子们突破血统、肤色的偶像，除了他拥有德语、法语、英语、汉语等多国语言的天赋，在那个几十平方米的演艺舞台上，因他而扩张出的无边无际动漫钢琴世界，随心跳动的音乐星空。

他的形象，纯净得像麦琴根的山泉。

他摁弹琴键时的每个节奏，都在诉说音乐世界的故事。

我静静地听完他的曲目，两个小时，不，确切说是两个小时四十分。

在三次谢幕后，他三次返回舞台安可，以他的动漫钢琴曲感谢悉尼的粉丝，三次都获得惊涛骇浪般的掌声。

我开始知道,这个德国的小伙,为什么被全世界动漫钢琴的孩子们视为偶像的理由!

4

迈克所有的音乐改编,都出自他的灵感、他的心灵。迈克奔波于世界各地,不是在演奏,是在与更多人分享着他们共同热爱的音乐世界。

我看到他在弹奏《四月是你的谎言》成名曲时,台下许多的少女在哭泣。这首被称为来自天堂的音乐,让成千上万的动漫钢琴爱好者,在洗涤着灵魂。

音乐,有如此巨大的力量,远远超越了迈克28岁的年龄。这个在尼采世界里成长的小伙,因为动漫钢琴而鲜活,而耀眼。

以动漫钢琴的灵魂,行走天下。

他的父亲告诉我,迈克把全部的时间给予了动漫钢琴。从6岁弹琴起,迈克花了1万多小时,看了500部动漫。动漫、钢琴、音乐几乎挤满了他所有的生活空间。

他没有庸俗的嗜好,甚至不好话语和交流。唯有在舞台上、在琴键上、在粉丝前,迈克才兴奋、才快乐、才不知疲倦。

感动。这个行走在灵魂琴键上的天使。

一切,因为音乐,因为爱。

傅建平：庄园里的五星红旗

第一次到傅建平家做客，是在他墨尔本海边梦幻一般的别墅里。

太阳西下的黄昏时分里，他在这幢百年老宅的草地上迎接我。

我们有了一整晚面对面的交流。

1

那是一幢海边的庄园，30亩地的老别墅。

除了想象中的大草坪、网球场、游泳池、森林大道，因为傅建平是湖南人，无辣不食，庄园里还有一个充满中国特色的庭后菜园，种植了几十种蔬菜。

庄园的中央，足有4层楼高的不锈钢旗杆上，飘扬着一面五星红旗，抬头，在被夕阳映红的天空中，艳丽夺目。

在澳大利亚的土地上，在自己的居家别墅中，常年飘扬如此高耸天际的五星红旗，这样的场景，我还是第一次见到。

让我感动、让我震惊。

傅建平，以澳洲庄园里的五星红旗，给了我至深的第一印象。

2

窗外的夕阳映红的海面。野鸭的声音和海鸥的翅膀,庄园里诉说着一个西式的黄昏时光。

我在傅建平家的餐厅里坐下来,茅台酒、湖南菜、中华烟,这是一个非常特别的墨尔本之夜。

相仿的年龄,相似的经历。离乡背井、独自闯荡、仗义孝顺的许多相似点,这构架了我们可以敞开胸怀的情感基础。

他叙说着过去的故事:

在一个最好的年代,伴随中国改革开放的大潮,1992年他从湖南一个小县城醴陵,开始了艰难的创业之旅,向贫困宣战。自此开启了波澜壮阔的追梦人生。

我听到他用的最多的两个字,是感恩。

我开始明白,他心中的归属感。为什么会在异国他乡的庄园里,悬挂这面五星红旗?

我开始体会,他旗帜里飘扬着的,是一个骄傲的时代和一个强盛的中国。

向过去敬礼,向祖国敬礼。

3

裹尸布上没有口袋,财富是身外之物。

他的话,发自内心。

傅建平详述了他人生后期的六字计划——好玩、健康、快乐。

他澳洲庄园的客厅里,定格在中国的电视频道,正播放着他投资的电视连续剧。我看得出,他开始享受过去、开始享受宁静。

他给我看了他写的第一部纪实小说,名字叫《爬山》,是对父亲的追忆。

一个文人、一个孝子、一个在享受今天却牢记昨天的男人。

此刻,坐在我对面的傅建平,不是一个中国富商,而是一个情感诗人。

我感动于他的经历,更欣赏他的才华。

窗外,那面五星红旗飘扬在墨尔本的夜空里,像在诉说着傅建平感恩祖国的衷肠。

4

除夕夜,傅建平邀我参加他在墨尔本的"家年华"家庭聚会。

原本以为,可能是几个移居海外的华人好友们,一顿丰盛的年夜饭。

当我驱车抵达他庄园的时候,我被惊呆了:庄园里挤满了1500多位中外朋友。张灯结彩、舞龙舞狮,还有一台精心编排的民族文艺表演节目。

除夕之夜,1500人的"大家庭聚会",绝对是一项吉尼斯世界纪录。

我又看到了庄园里的那面五星红旗。在庄严的国歌声中,所有的人向着北方,遥望着祖国的方向,升起在被晚霞染红的南半球的天空。

我听到了久久不息的掌声。

我看到了朋友们激动的泪水。

这个陌生的国度,这个中国的除夕,这个五星红旗飘扬的时刻,傅建平以他最特殊的方式,在表达久藏心底的中国情。

5

我们成为很好的朋友。

确切地说,我被他的人格魅力所折服。

从上海到北京,从悉尼到墨尔本,从圣彼得堡到莫斯科,我去了他梦境一般的湖北蜡梅谷,目睹他诗一样的理想正在变成现实;

我在他深圳的渌木会议室,听他关于世界经济发展的精辟演讲;

我看着他不断地迁移住所,一步步去实现自己的承诺。

不是感动,是佩服。

因为信任和缘分,我有幸担任了他澳大利亚房产集团的CEO。在澳洲公司接待台上,我特意插上了中国的五星红旗。

这不是牵强的作秀,是傅建平庄园里的那面红旗,给了我太深的印象,化为一腔热血,升腾在心里……

汤浸茳：我的澳洲律师

中国人踏上澳洲的土地，如果认识他，一定是幸运。

澳籍华裔大律师：汤浸茳。

我结识他十多年。

我们成为人生的挚友。

1

听说与他见面，是要卡秒表的。

在澳大利亚，著名大律师，时间不是陪你聊天的，是一种象征、一种地位。

10年前，见他前，我查阅过他的资料。

汤浸茳，太平绅士，曾任澳洲移民代理监管局董事、澳洲移民协会主席，他是澳大利亚移民协会MIA创始人之一，并在维多利亚大学专授澳洲移民法课程，他是澳洲已风云了四十多个春秋的"移民泰斗"。

热情、智慧、干练，是对汤浸茳大律师的第一印象。

西装、领带、公文包，一批洋人法律助手，电影中的大律师印象,在会议室的长形桌子上,陪着我这个陌生的中国人。

47分钟,我以最快的速度完成了第一次与汤浸莊的咨询。话语的"容积率"越高,经济性越强。

竟然没有收费。

他说:"梁先生是我们共同的好友,不说费用。"

澳洲大律师,也有华人血统的习惯?

2

每次到澳洲,我都会约他。

开始在律师所,后来在咖啡厅。再后来,我会开车去他家的别墅里,高脚杯、葡萄酒,他的英国太太做一手地道的中国菜,在他家的花园里谈天说地。

我们慢慢熟得变成朋友。

我也因此阅读着这个大律师的风采。

汤浸莊大律师,实在是个语言天才,一口流利的英文、一口纯正的广东话、一口标准的国语,还有一口地道的上海话。

都说大律师四海为家,友遍全球。

结识他才知,语言,是交往的核心。

一个大律师,与客户无缝对接,过语言关,已是天才。

我仰慕他在律师界、移民界的崇高地位,更惊叹于他对投资、对教育、对移民,甚至对地产的精通。

在墨尔本阿尔帕特项目的谈判中,汤浸莊大律师对建筑、环境、功能、开发模型等所提出的建议,在法律和房产两个领域的组合,像两个翅膀,飞翔在智慧的蓝天中。

谦虚而不庸。

睿智而豁达。

3

从香港移居澳洲的半个多世纪中，汤浔茳大律师一直关注着中国、关注着中国人。

作为曾经的澳洲移民协会主席，汤浔茳的圈子里，有许多的华人友人。

他一直与我叙说着三个中国观点。

第一个是教育的国际化。

中国孩子走出国门，用经济换教育，是历史的进步。当今的中国，不缺财富，缺修养、习惯。这需要一大批走出国门的孩子们，来带动、来改变、来扭转中国的软实力。

经济成功者，用家庭的财富培养子女，其实在为国家分担责任。

第二个是投资的国际化。

中国要成为世界真正意义上的强国，要有一批勇士走出国界，挣洋人的钱，挣外国的钱。

经济的强大不是圈在国门里的内循环，需要融入世界经济之海，鼓励和支持中国企业家进入国际经济圈。

第三个是生活的国际化。

澳洲不再是日本游客的乐园，是中国人的后花园。当华人开始涌入澳洲后，移民者在享受生活、在传播中国，旅行者在观光购物，在弘扬中华。

汤浕茳正是以这"三维坐标"忙碌了近半个世纪。

围绕教育、投资、移民为华人服务,作为大律师,他希望所有中国人在澳洲能得到"血缘亲情"的服务。

4

他与许多华人成为朋友。

他有汤浕茳人格的力量。

他不断飞越在上海、广州、香港、墨尔本之间。

你不会相信这是一个76岁老人的节奏。

他既是一代美食家,也是咏春拳绝代传人;他既是风云全澳的著名移民专家,又是中国文化的忠实传播者。

每年春节的墨尔本街头,他一定是击鼓舞龙的领袖;许多庭审的辩讲席,他一定是华人利益的坚定维护者;不少大学的讲坛上,他一定是知识渊博的演讲者。

他驾驶着那辆银色的奔驰,穿越于墨尔本的白天与黑夜。其实,已经不是为了传统意义上的律师收益,而是在为许多等待着他的华人,尽自己的一份力。

他一直说:华人,就是家人。

他一直说:客户,就是上帝。

他一直说:认识,就是缘分。

许多真理,是要用阅历来沉淀的。

有些观念,是要用修养来坚持的。

认识汤浕茳先生的3000多个日子里,他像一本生命里的教科书,很多平凡朴实的经历,其实是人生美丽的章节。

5

我一直想把汤浸茳老先生,介绍给我的中国朋友。

这位教育专家、投资专家、移民专家,或许会与更多中国家庭联系在一起。

他用灿烂的生活走过了大半生,像西山血红的太阳,温暖着身边的人。

与他的交往中,会读懂什么叫坚持,会理解什么叫缘分,会体会什么叫温暖。

他相册里有许多友人的照片,来自中国。曾经是他的客户,后来是朋友,就像我一样。

当我与他在亚拉河畔的阳光里聊天,在皇家植物园的咖啡馆谈心,在墨尔本彩色的街头共行,许多的时候,我真的会忘了他是一个大律师,倒更像是个长者、老师,或者是友人。

这样的感受,会一直很鲜活地在记忆深处。

张洪瑞：悉尼的博士厨师

这位刚刚毕业的材料学博士张洪瑞，是我在中国的大学校友。他以厨师的身份，邀请我去他在悉尼 York St 街的"城市和船"餐厅。品尝他烤制的牛排。

1

跟以往校友相聚不同，今晚我是客人，他是主人。张洪瑞毕业才两个月，这位原本应该在材料研究所的高科技人才，在这家非常普通的餐厅做起了体力活。

他一直微笑着，很自然的快乐。

我知道，在澳大利亚，怀抱博士毕业文凭，做厨师，当房产中介，甚至在超市收银的并不少。

有些人是无奈，有些人是喜欢。

张洪瑞是今晚的主厨，他说要用当地的澳洲牛肉招待我。

和牛与澳洲牛肉有什么区别？我信口而言，没有想到小张博士滔滔不绝地为我上了一课——

和牛，是日本从1956年起改良牛中最成功的品种之一，是从雷天号西门塔尔种公牛的改良后裔中选育而成的,其第七、八肋间眼肌面积可达52平方厘米。当然是世界公认的优质牛肉。

以日本和牛和澳洲的安格斯品种等小牛交配而产生的澳洲和牛,因其纤维组织更丰富,没有"入口即化"的过多油脂,因此也深受欢迎……

我惊呆了。

2

他在玻璃隔着的厨房里,帮我烤着牛排,身边是他的妻子,一个年轻的中国留澳大学生。

那个镜头,一直在我的记忆里。

像是许多爱情剧中的一个特写。

我想起了自己像他们的年龄,曾经在上海寻梦。在拥挤的人群里,寻找着自己的未来。一个没有背景的年轻人,背井离乡在书本上学的东西,有时会像风一样被现实的生活吹散。只是,我不曾像小张博士留过学,所以,此时,我难以完整体验他的那种感受。

学历的荣耀和职业的尊严,其实,画不了等号。

他边忙边与我聊天,关于烤牛排的许多学问。

如果是原切牛排,不需要清洗,要是发现表面有血水的话,用厨房吸油纸吸干表面的血水就可以了。

用橄榄油或者黄油来煎牛排,才会让煎出来的牛排口感特别鲜嫩特别松软特别好吃。

在煎牛排的过程中要加入一些配料,要选择干葡萄酒,加白砂糖,红酒和白糖的比例控制在2∶1左右会比较好一些,会让牛排的口感更美味。

这些,应该不会是他材料学博士课本里的东西。他把博士文凭放在箱底,操起锅和刀叉的时候,我相信他内心是快乐的。

3

梦想,是一个非常宽泛而含糊的词。

我与他聊起了"城市和船"的店名。

我说起了大学时代,那首"阳光、沙滩、海浪,还有一位老船长……"的台湾校园歌曲。

他说:"城市是海,事业是船,生活原本就是一次旅行。"

像台词。

原本乏味的工作,在他嘴里变成了一首诗。

我环绕着小店里许多的符号:海星、灯塔、救生圈……有些感动于眼前这个年轻的张博士。忘记自己的骄傲,沉下心来打磨自己的生活,原本,是多么艰难的一件事!

4

小张博士的海军衫外,围着工作围兜。我拍了一张他举起大拇指的合影。

舍弃和坚持,永远没有对与错。一个非常不同的店名"城市和船",藏着小张博士的海外生活旅程。我突然觉得,同情,是一个非常廉价的贬义词,套不到这个28岁的博士身上。

窗外,悉尼的夜,灿烂的灯映照着这座城市。临走时,我送给小张博士一首小诗,叫《城市和船》——

> 如海翻滚的城市里
> 起伏着的浪涛
> 滋养梦想的种子
> 启程的锚
> 是船的宣示
> 远处迷恋的诱惑
> 响着生命的船歌

松尾贡：长崎海边的老人

日本长崎的海边风景，并没有太多地留在我的记忆里。但松尾贡却在我心里印下了很深的烙印。

一个普通的日本老人，在一次偶然的相遇里，告诉了我人生新的意义。

1

我是应邀去长崎考察时，与松尾贡老先生偶然相遇的。

那是长崎海边并不显眼的一个养殖场，几排一层的平房。这是松尾贡的"鲍鱼养殖实验室"。

松尾贡正卷着袖口在他的实验棚里，检查着他正在培育的海鲜新品。他见我到来，以日本老人习惯的深鞠躬，礼貌地欢迎我。

他放下手里的活，一脸笑容带我到他的办公室。

办公室非常简陋。到处堆满各色各样的资料，还有很多的数据，一层层堆在桌面。墙上，那块木质的匾上，"始于2009年"的字样，记录着这个实验室的诞生年份。这个与我无关的行业，只是我忙里偷闲来调剂一下在长崎的时间。

2

他的故事,吸引了我。

八年前,快60岁的松尾贡因脑病被医生判了只能存活三年的"死刑"。这位从小在长崎海边长大的渔民,热爱这片生他养他的大海。生在号称世界鲍鱼王国的日本,松尾贡自小对鲍鱼情有独钟。

生命的最后三年,他在想能做些什么?

他想到了一生喜欢的鲍鱼。

松尾贡把病历卡藏了起来,他知道无法逃避生老病死的规律,但活着应该做点留给后代的事。他把原先的房子卖了,建起了这个很早就想做的"鲍鱼人工养殖室"。

松尾贡想把闻名于世的日本网鲍、吉品鲍、禾麻鲍三大名鲍,实现人工养殖。

他的故事感动了周边的好友。八个人,在松尾贡生命最后的时光,陪伴他一起。

3

这个经历原子弹轰炸的城市,曾经有7万多人生命消失。

但松尾贡的生命里,出现了奇迹。

他把所有的精力投入了鲍鱼养殖的试验中。松尾贡告诉我,网鲍,作为鲍中顶级绝品,原产于日本千叶县,后因海水污染,质量变差。但在他的实验室,繁殖出来的网鲍外形椭圆呈咖啡色,鲍边细小,鲍忱呈珠粒状,烹制起来柔软稔滑,色泽金黄,香味浓郁鲜美,用刀横切便能看到鲍身带有网状花纹。

因为投身鲍鱼研究的上瘾与快乐,松尾贡竟神奇地治愈了脑病。

他以日本长崎大村市渔业协同组合理事的身份,扩容了两个研究培育基地,并获得了多项日本专利。

松尾贡感谢这片海养育了他,感谢鲍鱼给了他快乐,也拯救了他的生命。

4

偶然的相遇,让我有机会从松尾贡老先生身上,重新阅读生命的意义。

我看着他这个神奇的实验室,看着松尾贡老先生不断展示他培育池里的成果,看着他幸福而快乐的晚年。

我为这个长崎长者欣慰并感动。

他的手上还排着一堆研究课题。他告诉我,一定会在有生之年,研发出最美味的人工鲍鱼品种。

罗曼·罗兰说过:世界上只有一个真理,便是忠实于人生,并且热爱着。

握手告别的时候,我看到松尾贡一直微笑地向我招手,长崎海边老人的故事,正在演绎生命中另一个含义……

邵野夫妇：火锅的故事

我与邵野夫妇，在墨尔本相识和交往。

他们让我在海外普通华人世界里，寻找到了创业的样本。

天府川菜，这张墨尔本的名片背后，是邵野夫妇火锅闯天下的励志故事。

1

到过墨尔本的华人，几乎都去过天府川菜馆。

这家蜚声澳洲的华人火锅连锁餐厅，几百位明星光顾过这里，但在他们所有的店堂里，没有一张明星照。

天府的生命是口味，是对中华传统餐饮的热爱与情感。

主人邵野和他的太太Tina，是从中国来的年轻移民，一个是医生专业的留学生，一个是从没餐饮经历的女生。他们以本分、厚道，凭借对川菜的热爱，闯出了火锅打天下的一片天地。

每一个天府川菜馆，几乎全年排队。我问邵野，为什么如此火爆？

他说：走进这个店门的人，大都是同胞，胃是有记忆的。餐饮是思念家乡最直接的体验。

2

把天府川菜,比喻为墨尔本的名片,一点不过。

天府川菜,是个奇迹。

邵野夫妇是1998年踏上澳洲这片土地的。像无数普通的中国人一样,除了面对所有陌生世界的好奇、勇气,他们几乎没有任何资源、资本、经验等优势。

那时的Tina还是一个小女孩,两年时间,她打着每小时5元钱的工,学英语、求生存,在异国他乡的墨尔本,想家、想中国、想重庆,当时也想美味的川菜。

民以食为先。世界最美的城市,应该有最美的佳肴。为什么不把中国的川菜,引进墨尔本?

当时的中国留学生Tina,为了自己的川菜梦想,不惜中途辍学回国刻苦学艺。

他们的创业,起步于原始而朴素的意念。

3

2003年,第一家天府川菜馆,出现在墨尔本的街头。

那是邵野和Tina把家乡重庆的感情、儿时父母川菜的记忆,表达了出来。

中华美食文化背后的强大气息和磁场,在邵野、Tina的经营下,穿越大街小巷。

在托拉克豪宅区、在玛亚商业中心、在薄克斯罕尔华人中心、在商业标志QV大厦正南……繁华街景里,一块块亮着中文店面的天府川菜馆,一家、两家……十家,如今成为中华美食文化的标签,华人聚集的核心场所。

我不想用成功两个简单的字去夸耀他们。

今年的春节,Tina告诉我,因为我的到来,他们夫妇俩才第一次在天府川菜馆,陪我吃了一顿定心饭。

她没有时间去看蓝天、白云、郊野风光;没有时间去亚拉河畔,甚至连每天经过的皇家公园都不曾光顾。

手头的九家店,她得轮番检查后台的厨房:质量、口味、创新。第十家新概念川菜馆又在筹备开业。

我看到了一个充实的Tina。我明白了天府缘何长盛不衰的精神机理。

4

关于邵野,关于Tina,关于天府川菜馆,既是一个平凡的故事,又是一个不凡的奇迹。

自天府创业开始,Tina一直亲力亲为,自己配料。为了制作最地道的辣椒油,她亲自去市场挑选辣椒,研磨用的竟然是不远万里从国内搬来的石磨,油竟然也是从重庆直接空运来的。

纯真的口味,是思乡的珍品。

邵野夫妇是另类的。

因为他们的骨气,一切从头而来的开始和坚持;

因为他们的真情,十多年把所有客户视作兄弟姐妹;

因为他们的谦虚,每道菜都是他们生命里的一个符号。

他们的手下有450名华人员工,一起打拼在南半球的国度,天府的门扉下,他们是一代引以为骄的青年华人。

有一天我偶尔看到了一篇报道,Tina被评为了墨尔本十大杰出青年。

我发信祝贺他们:是玫瑰,它总会开花!

沈杰：轮子上的梦想

因为他的母亲是我的好友，我在偶然的机会里认识了沈杰，一个80后的华裔创业者。

我们成为朋友，甚至我们只差一步就成了合作伙伴。

今天下午，我在墨尔本展览中心参加了他的"EASI战略升级发布会"，目睹了可观的投资协议签订，再次见证了一个年轻人的励志故事。

1

沈杰与我交往的两年里，是他从感性走向理性的突飞期。我欣赏这个80后的年轻人对事业的坚持，赏识他沉于市场的耐心。

我们在墨尔本、悉尼、上海多次的见面中，我给过他许多的压力，我答应过他，条件成熟，我会做他的合伙人。

去年这个时候，我甚至请澳洲的律师起草了合同，放到了他的办公室。

那时，他的名下，只有当时墨尔本送餐一块牌子。

去年他生日的那天，我与他全家在亚拉河畔聚餐，在吹灭生日蜡烛时,他许愿:"我要用一生,去改变墨尔本。"

2

在非常短的两年时间里,这家成立于2014年的墨尔本首个华人送餐平台,很快走进了悉尼、走进了布里斯班、走进了珀斯。

沈杰一直把直线上升的送餐量、营业额,还有对企业扩张的计划发到我的微信,他的行动之快,让我惊奇。

我为给他的鼓励变成行动感到高兴。

我知道,当他完成了全澳洲品牌的整合、当日均订单量能达到10000份的大型服务类App,墨尔本送餐必定会引起资本市场的注意。

我收回了那份合同,希望他与更合适、更有发展潜力的投资人合作。我知道,这个天生为市场而生的沈杰,成功只是时间问题。

不久之后的一个周末,这一天到来了。

在悉尼唐人街,我与沈杰和新的投资人皮特一起相聚,皮特决定对沈杰公司融资,推动墨尔本送餐的发展。

我打开了香槟,向他们祝贺。

3

紧接着,我又见证了沈杰和皮特交换合同的那个历史时刻,也见证了墨尔本送餐更名EASI的发布会,沈杰开始了Make Life新的旅程。

我向沈杰祝福,也向皮特祝贺。

作为华人在澳企业的一只独角兽，墨尔本送餐的成功并不是一下就起来的。

在最困难的初期，沈杰买下了数量庞大的摩托车，以及从国内定制了千辆商业电瓶车来到澳洲（每辆成本1000美元），却每天亏损1000多澳元，他不得不把自己心爱的法拉利跑车转售，以坚持自己的事业。

这个才貌双全的富二代，一年365天内无间断工作，从上午11点到次日凌晨2点都是常态，甚至年近三十把恋爱成家的事都抛在脑后。他说：因为有许多员工跟着我，世界很大，我们得靠自己去赢得未来！

4

今天下午，他的母亲坐在我的旁边，一起见证了沈杰和EASI的隆重仪式。

我看到了他的三年计划，从澳大利亚到新西兰，从美国、加拿大到欧洲的全球目标。

我知道，不是他疯狂。

这个世界的未来，需要像沈杰这样充满理想的下一代。我并不后悔未能与他合伙并行，但相信过去两年中的点滴，一个改变了的沈杰，会有更远的路、更长的事业，陪伴于他。

晏子：一轩纳天下

25年的老朋友晏绍礼，大家习惯叫他"晏子"。

他是上海地产策划的元老，听说他的"晏子轩"盛名沪上，一转身开始有滋有味地玩起了收藏。

百闻不如一见。

1

晏子重情。

从地产帅哥到收藏界的老克勒，策划人出身的晏子，精致而讲究。

我是在做地产主编采访晏子时结识他的。那时，上海地产圈才华横溢的人不多，晏子是一个。

1995年，正值上海首届房地产"双十佳"评选，我是组委会秘书长，我竭力推荐他为上海房地产十佳营销人才，并把他当年的营销案例收入了我出版的专著中。

我们以频繁的交往和交流，建立了男人间深厚的友谊。

多年前听说他建了个"晏子轩"，以书画收藏为主。原本以为,他这种大跨度转行是在作秀和包装。

他预感到了我的猜测。

为了欢迎我去参观"晏子轩",晏子捧出了藏室中的所有宝贝,特意为我进行了专题布置。

六大场馆、千余件藏品、专题分类展出、两个小时陪同讲解,晏子收藏了20多年的书画藏品,是一个闪耀着艺术光芒的世界。

此刻,曾经的地产才子,成为上海收藏家协会的副会长,多少让我有些陌生。

但他的这种华丽的转身,让我感到欣慰。

2

记得多年前,在我生日的时候,晏子按我的生肖,曾送给我一幅《虎啸》画。我当一幅普通画挂在了客厅。直到懂行的朋友提醒我,我才把这幅画收藏起来。

藏品,对我只是一种非常模糊的概念,远离在我的生活里。

当晏子带着我把那些穿越历史长河的书画藏品,从张大千到徐悲鸿,从刘海粟到左宗棠,还有梁启超,还有我们外行不熟的许许多多的名家作品,当我触手可及的时候,我感触到他在收藏世界里全新的幸福和乐趣。

晏子轩,是一个天地。

只供欣赏,不做生意。

这个瞬间显得特别美好。

曾经的地产兄弟,一起来游荡在中国书画精品的海洋之中,我的心里升腾起从未有过的敬畏。

宽广的生活，原来是无边无际的舞台。人生可以承载一颗博大的心。

我为这个老兄弟感到骄傲。

3

突然想起一个话题：有一天，我们告别房地产，会怎样？

晏子有他的答案。

我还没有做好准备。

职业，可以磨炼一个人，或者因为生存、利益，或者因为欲望、需要。但爱好，才会滋润一生。

晏子轩，几个小时的时光，在触及我的软肋。就如几个月前，我去好友简劲宏的西班牙餐厅那种感受一样。丢弃一些世俗的东西，学会淡泊，其实，是件很不容易的事。

离开晏子轩，夜上海的灯光，被蒙蒙细雨切割成七彩的风景。我在车上，被这种风景淋湿了情绪……

倪建达：上海爷叔的故事

地产界同行把倪建达称为"上海爷叔"，是因为他出道很早。后辈们叫他"上海爷叔"，是因为他一身正能量，是个榜样。

1

我与倪建达兄弟相称快30年。

在20世纪90年代初，当年房管和开发并存于市场时，他并不在舞台的中央。

当年，倪建达因为血气方刚的选择，开始吸引人们的注意，他毅然接下城开，一个20万平方米存量房、超过5亿元烂账、连员工工资都发不出的烂摊子。

七年时间里，他带领城开从一个无人愿意接管的徐汇区下属企业，变身为"中国房地产百强企业"、上市公司旗下子企业。他也被推举为中国房地产业协会的副会长。

我看着倪建达，一步步地拼搏打天下，也对得起"上海爷叔"的这个美誉。

30多年后，他从国企的龙椅上走下，踏进了市场经济的海洋。

自然是备受关注的热点。

我仔细阅读了他辞职时那封富有情怀的告别信,在满屏点赞的时候,我没有去凑热闹。

我约他在波特曼饮茶,以最简约的方式,给他祝福。

我们一起经历的上海地产业,像个戏台,一幕又一幕景象,一批又一批的过客。每人用自己的方式在演绎各自的故事,在这个弱肉强食的产业里,情怀与人格,显得格外的珍贵。

男人间的友谊,常常因为平静而深刻。

2

倪建达去了钜派。

我应该是提早知晓这个秘密不多的小众群。

到了我们这个年龄,用祝福来作为他转身的礼物,有点单薄。

好友间相处最重要的是默契。

周忻拥抱倪建达的故事,我早有耳闻。我与周忻曾经很长一段时间里,几乎天天在一起,我可能是周忻创业初期为数不多的深交密友之一。

我过于了解他们两个人的爱好、习性以及一段不短的情感基础。

周忻是夏天的雨,建达是秋天的风。

我希望他们的组合,会是一次风调雨顺的完美搭档。

我想,不必过多久,钜派在美国上市的钟声,会传到中国。倪建达应该是舞台中央的人物。

周忻资本市场的背书,与倪建达务实下沉的作风,是互补的。坚持、努力、明智,是他们相同的基因。

一个人叫经历,两个人叫故事。这句话,用在他们身上,是再合适不过的比喻。

3

上海滩地产的风云榜上,有人在登陆,有人在谢幕。我一直关注着转型后的倪建达。

他依旧是外柔内刚、雷厉风行。

从2010年成立钜派,到2015年于纽交所上市,倪建达驾轻就熟地把地产和金融糅合在一起。

在经济形势变化和政策调整之下,第三方财富管理面临转型之痛,也为第三方财富管理机构带来了新的良机。

倪建达敏感地抓住了这个机遇。

面对财富管理行业新趋势,他根据国家政策适时调整公司战略,推出了多样化产品,其中私募股权和私募证券类产品占比超过60%。

钜派因他而不同。

我看到倪建达不断寻找着当下的中国经济发展机会,把握钜派的投资重点,关注资产配置的合理性和平衡性。他充分利用在房地产行业上的广泛资源与丰富经验,持续为客户提供优质的房地产类固定收益产品,并稳步开发非房地产类的固定收益产品,以满足客户更加多样化的需求。

他变成了金融界的"上海爷叔"。

4

  我去澳大利亚工作后,我依旧会每天习惯打开倪建达的微信阅读。

  过去的30年不会从头重来。人生,原本是一次聚聚散散的旅途。友情,是时间越长越醇的奢侈品,就如在早晨的阳光里,互相间一声简单的问候……

后记
感恩这个伟大的时代

我的这些零零碎碎的散文日记，编辑成书的时候，我第一次因为对文字的敬畏，内心开始有些不安。

我知道，这本《岁月的痕迹》，几十篇散文，是难以完整表达我深藏内心深处，对这个伟大时代的感恩。

1

岁月的痕迹里，堆满着许多的怀念。

我在几年前回到老家，儿时的那些小村、河流不见了，取代的是一个全新的居住小区。就在那年，我父亲的离世，这个我生命里最重要的人，把我很多童年的记忆带得很远。

我的心有些飘浮而复杂。

我从这生命起步的江南小城，到今天南半球工作的悉尼，半个多世纪的历程里所经历的一切，曾经的贫困、愚昧和无知，被一个波澜壮阔的时代改变。

我尽力想用文字，把这些过去的记忆留存下来，让它能鲜活地成为更新的怀念。我只是我们这一代人中非常普通及幸运的一员,作为一个中国农民的孩子,我能在大学的讲台授课,在党报的殿堂采编,在国际的舞台投资管理,这些如梦而至的人生,绝不只是因为个人的努力与勤奋,也不是天上掉下的馅饼。

感恩这个伟大的时代,是源自心底的体验。因为我在最好的年龄遇上了一个最好的年代,因为我在行走世间的路上遇到了许多真诚的朋友,因为无数的因为,我每次回过头去回望人生的时候,连许多细节都如诗似画地变成深刻的印记。

2

岁月的痕迹里,涂满着斑斓的色彩。

我知道这本书,还称不上是一本真正意义上的散文集。只是,记录了曾经的过去,那些真实地发生的一些细节。

一年前,著名报告文学作家,也是我《文汇报》的好友罗达成长兄,约我小聚并递上了他患癌多年与世隔绝、用生命历程书写的报告文学集《八十年代激情文坛》一书。我整晚的情绪,被这些文字感动着。

我庆幸在《文汇报》有14年的经历,与这些文人墨客的相伴,我这个理科生开始对人生发生脱胎换骨的变化。这个过程,让我在文字世界里感悟到了另一种力量。

我一直把《文汇报》视为发育我精神生命的"娘家",文字以特殊的温暖润养着我,使我后来步入弥漫铜臭味的地产世界里,依然珍藏着文字世界里的几许真实和纯粹,我日后独自行走在陌生世界的路上,才不会孤独。

感谢缘分。

去年春季的那个晚上,巧遇了文汇出版社社长周伯军,他一见如故的鼓励,让我开始把这些散落多年的文字合辑出版的想法变为了行动。我因此特别感动,能以文字的方式再次回到"娘家",回到曾经激情燃烧的岁月,实在是一种幸福。

3

岁月的痕迹里,折射着时代的变迁。

小时候,从来没有想挣这么多钱。吃饱穿暖是祖祖辈辈的愿望。

那时,世界是遥远而陌生的。我甚至不相信地球是圆的。

我在大学读书时,遇上改革开放新时代的来临。那个时候,我被李宁和中国女排的精神感动;在《北京人在纽约》的电视剧中想象美国;我看着《上海滩》连续剧了解这个城市的过去。

我没有想到,后来我与李宁成为熟知的朋友。我没有想到,踏上澳洲的土地后,霍克总理在一张餐桌单独与我吃饭聊天。一个中国农民的儿子,与一个曾经的西方大国的总理坐在一起,我突然觉得,自己与世界靠得很近很近。这一切,既不是虚构的一场美梦,也不是文学创作的构思,而是在一个伟大的时代,一个普通中国人真实的经历。

现在的年轻人不会听我们的说教,包括我的儿子。我无意把我们过去的生活、习惯和感受强加于他们。但我相信这些非常纯朴的故事,会像一面镜子,让他们更清晰地照耀出今天的幸福。

我不想用苦难去消遣文字,而想用记忆向昨天敬礼!

4

岁月的痕迹里,珍藏着无数的感恩。

6年前,我拖着简单的行囊去南半球工作的时候,随身带了50面定制的五星红旗。有人会误以为这是政治的作秀,但我知道,这是对祖国和时代的感恩。

没有今天祖国的强盛,我们绝不可能在西方世界里抬起头颅。在悉尼Park St的办公室,在伊丽莎白大街的展示馆,我在五星红旗下工作、谈判,有一种自豪和温暖。

父亲在我很小的时候,告诫我无论什么时候、在什么地方,感恩是所有道德的起点。他的话影响了我的一生。

我在行走于世的路上,验证了父亲的嘱托。我尽力想把文字留住一路的体验,直到这本《岁月的痕迹》面世的这一天,我仍遗憾,这些装订的文字碎片,永远注释不了内心的感恩。

5

岁月的痕迹里,映照着明天的希望。

培根曾说:"黄金时代在我们的前面,永远不在我们的背后。"

是的,人不能没有回忆,但不能在回忆里生活。在一个全新的世界面前,我们还会有很多的遇见。一切都在更新,需要把所有的骄傲归零。我想以《岁月的痕迹》,与朋友一起去迎接明天的太阳。

感谢这本书的出版,得到了文汇出版社编辑的一路指点。

感谢我多年的好友、著名书法家缪金元题写了书名。

更感谢上海市作家协会党组书记王伟写序的"高配"。我想，这可能源于我们曾经是《文汇报》同桌工作多年的好友，也可能我们是同一代人，以这样的方式一起感恩这个伟大时代。

许仰东

2021年2月

图书在版编目(CIP)数据

岁月的痕迹 / 许仰东著. — 上海：文汇出版社，2021.3

ISBN 978-7-5496-3428-6

Ⅰ. ①岁… Ⅱ. ①许… Ⅲ. ①散文集－中国－当代 Ⅳ. ①I267

中国版本图书馆CIP数据核字(2021)第026586号

岁月的痕迹

出 版 人：周伯军
作　　者：许仰东
责任编辑：张　涛
装帧设计：梁业礼

出版发行：文匯出版社
　　　　　上海市威海路755号　邮政编码：200041
经　　销：全国新华书店
印刷装订：启东市人民印刷有限公司

版　次：2021年3月第1版
印　次：2025年3月第2次印刷
开　本：787 mm × 1092 mm　1/16
字　数：218千
印　张：19.5

ISBN：978-7-5496-3428-6
定　价：50.00元

·版权所有　侵权必究·